Michaela Wiebusch

Das Mosaik meines Lebens

Michaela Wiebusch

DAS MOSAIK MEINES LEBENS

Vom Glück, sich selbst und andere zu verstehen

Eine Erzählung

Mit Illustrationen von Gisela Goppel

dtv

MIX
Papier | Fördert gute Waldnutzung
FSC® C084279

Umschlaggestaltung: buxdesign|Ruth Botzenhardt unter Verwendung einer Illustration von Gisela Goppel
Umschlagillustration und Innenillustrationen: Gisela Goppel
Gesetzt aus der Franziska
Satz: Fotosatz Amann, Memmingen
Druck und Bindung: Print Consult GmbH, Berlin
Printed in Slovenia · ISBN 978-3-423-35214-7

Für Matti, Alina und Malou

*»Alles, was wir tun, ist der Versuch,
unserem Glück entgegenzureisen.«*

INHALT

DAS GLÜCK VON GESTERN

Wohin verschwinden eigentlich all die schönen Augenblicke, die wir verpassen oder einfach so verstreichen lassen? Man kann sie nicht sammeln oder gar auf später verschieben. Wenn wir diese Momente nicht leben, sind sie unwiederbringlich für uns verloren. Warum lassen wir viele kostbare Zeiten des Glücks und der Schönheit einfach so vergehen, als gäbe es unendlich viel davon?

Immer öfter habe ich mir in den letzten Monaten vorgestellt, dass ich eines Tages wehmütig auf mein Leben zurückblicken und mich fragen werde, warum ich im Laufe der Jahre beinahe all meine Träume aufgegeben habe.

Bevor auch der letzte sich in Luft auflöste, traf ich eine Entscheidung. Ich begab mich auf eine Reise, eine Reise zurück zu mir.

Hier stehe ich nun, und mein Blick schweift in die Ferne. Das Hotel befindet sich inmitten eines Olivenhains und liegt nur einen kurzen Spaziergang vom Meer entfernt. Jetzt im Herbst sind die Früchte reif zur Ernte. Ihr Anblick und der Duft lassen mich an den würzigen und intensiven Geschmack frischen Olivenöls denken, mit dem ich viele

Kindheitserinnerungen verbinde. Es ist der Duft von Freiheit und Glück, ein unglaublich schönes Gefühl aus fernen Tagen. Schon lange vermisse ich diese Magie in meinem Leben. Ich habe sie gegen einen Berg von Verpflichtungen eingetauscht, in dem ich drohe unterzugehen.

Viele Jahre lang habe ich meine Ferien hier an der Küste im schlichten Ferienhaus meiner Eltern verbracht. Daher ist mir die Gegend so vertraut wie eine zweite Heimat. Meine Schwester und ich halfen den Einheimischen oft bei der Olivenernte. An den Abenden saßen wir, erschöpft von der anstrengenden Arbeit und getränkt von der kräftigen griechischen Herbstsonne, an einem langen Esstisch, tunkten genüsslich unser Brot in das golden schimmernde Öl, das aus unserer Ernte gewonnen worden war, und fühlten uns restlos glücklich. Der Duft und Geschmack dieser Abende waren ein Erlebnis für die Sinne, das ich bis heute nicht vergessen habe.

Zum ersten Mal nach vielen Jahren bin ich jetzt an diesen Ort zurückgekehrt.

Als ich eben meinen Mietwagen durch die engen Gassen lenkte und die weiß getünchten Häuser mit den blauen Türen und Fensterrahmen sowie die winzigen Vorgärten mit den Bougainvilleen sah, da schien es mir, als wäre die Zeit stehen geblieben. Noch immer hat der Massentourismus diesen Teil der Peloponnes nicht erreicht. Die wenigen schlichten Hotels und Ferienhäuser, die es gibt, haben das ursprüngliche Dorfleben nicht verändert. Und auch die Einheimischen sind immer noch so gastfreundlich und zuvorkommend wie in meinen Kindertagen.

Leider mussten meine Eltern ihr Ferienhaus vor ein paar Jahren verkaufen, weil sie das Geld brauchten, um ihre Rente aufzubessern. Daher habe ich mir ein Zimmer in einem Hotel gesucht, das direkt in der romantischen Bucht meiner Erinnerungen liegt. Dort angekommen, bezog ich mein spartanisch eingerichtetes Zimmer und trat gleich neugierig auf den Balkon hinaus.

Während der warme Wind mir nun sanft das Gesicht streichelt, stimmen die Zikaden die vertraute Musik des Südens an. Das sanfte Abendlicht überzieht die spiegelglatte Meeresoberfläche mit einem silbern glänzenden Schleier und färbt den Horizont in ein zartes Rosa. Ich würde mich diesem Moment gern hingeben, doch so einfach ist das nicht. Physisch bin ich zwar angekommen, aber mein Geist scheint noch nicht hier zu sein.

Ich hadere mit der Entscheidung, diese Reise allein zu machen. Etwas in meinem Innern sträubt sich dagegen, dass ich hier bin und diesen Moment genießen darf.

Ich muss an meinen letzten Streit mit Fin denken. Kurz vor der Abreise gerieten wir aneinander und taten dann, was wir seit geraumer Zeit in solchen Momenten immer tun: Wir bissen uns in den ewig gleichen Diskussionsschleifen fest. Ja, unsere Streitgespräche sind vorhersehbar geworden. Wir beharren beide auf unseren Standpunkten, halten krampfhaft an unseren Meinungen fest und kämpfen erbittert darum, recht zu haben. Dabei halten wir die eigenen Argumente für die einzig richtigen und die des anderen für gänzlich falsch. Sich in der Schlacht geschlagen geben, will keiner. Und meist bleibt es nicht bei der ursprünglichen Streitfrage. Wir finden andere Gründe, um uns gegenseitig Vorwürfe zu machen. Und je mehr wir uns hochschaukeln, desto zermürbender werden unsere Gespräche – was mich traurig macht und der Grund dafür ist, warum ich an meinem Plan, mir eine Auszeit von meinen beruflichen und familiären Aufgaben zu nehmen, festgehalten habe. Mit dem Ergebnis, dass ich jetzt hier im Paradies stehe und nicht loslassen kann, weil mich mein Gewissen plagt.

Ich frage mich, ob es von mir nicht doch egoistisch war, Fin mit Fabi und Lotte allein zu lassen. Unser Alltag ist auch schon anstrengend genug, wenn wir uns die Arbeit teilen. Gedankenverloren greife ich zum Handy und drücke die Kurzwahltaste.

Fins tiefe Stimme ertönt am anderen Ende der Leitung. »Bist du etwa schon da?«

»Ja, ich wollte nur kurz Bescheid geben, dass ich gut angekommen bin. Alles in Ordnung bei euch?«

»Alles gut«, entgegnet er knapp.

Im Hintergrund streiten die Kinder lauthals.

»Sekunde«, sagt er, dann höre ich ihn rufen: »Hey! Ich telefoniere hier gerade mit Mama. Könnt ihr mal bitte etwas leiser sein? Ich verstehe sonst kein Wort.«

»Was ist denn da los bei euch?«, frage ich und versuche beiläufig zu klingen, obwohl ich das brennende Verlangen habe, mich einzumischen. Zu Hause würde ich die Situation jetzt übernehmen, damit Fin nicht noch genervter wird, als er es ohnehin schon ist.

»Alles gut«, wiegelt er ab.

Ich höre, wie die Situation im Hintergrund eskaliert. Überhaupt nichts ist gut. Im Gegenteil. Fabi provoziert mal wieder seine jüngere Schwester. Als pubertierender Dreizehnjähriger behandelt er Charlotte wie ein Baby – was sie mit ihren acht Jahren definitiv nicht mehr ist.

»Charlotte! Fabian! Es reicht!«, brüllt Fin. »Wenn ihr jetzt nicht sofort aufhört, dann könnt ihr euer Fernsehen vergessen!«

»Du lässt sie um diese Zeit noch fernsehen?«, frage ich. »Ist das nicht ein bisschen spät?«

Die Kinder haben Fin nicht zugehört, und Fin hat wiederum mir nicht zugehört. Der Streit im Hintergrund geht einfach lautstark weiter.

»Gib mir doch mal Fabi«, fordere ich. »Ich rede mit ihm. Er soll seine schlechte Laune nicht an Lotte auslassen. Er ist schließlich alt genug, um sich gegenüber seiner kleinen Schwester zusammenzureißen.«

»Ist jetzt nicht dein Ernst, oder?« Fin klingt verblüfft, aber auch verärgert.

»Wieso? Ich will dir doch nur helfen.«

»Du hast dich entschieden, ohne uns wegzufahren, weil du dich nur um dich selbst kümmern wolltest. Also tue das bitte auch und lass den Rest meine Sorge sein. Ich muss jetzt auflegen. Du hörst ja, was hier los ist. Gute Nacht.«

Ich spüre seine unterschwellige Wut auf mich und meine Entscheidung. Ohne ein weiteres Wort legt er auf.

Ich ärgere mich. Ein bisschen über mich selbst, aber sehr viel mehr über seine Vorwürfe und seine unfreundliche Art. Leider befördert das Telefonat mein schlechtes Gewissen und vergrößert die Sorge, einen Fehler gemacht zu haben. Ist Fin zu Recht sauer, dass ich ihn allein gelassen habe? Andererseits: Steht es mir nicht zu, mich wenigstens für ein paar Tage nur um mein eigenes Wohlbefinden zu kümmern? Warum glaubt meine Familie, mich rund um die Uhr auf Trab halten zu müssen? Dennoch: Habe ich die drei im Stich gelassen? Ich weiß nicht, ob meine Entscheidung richtig war, und fühle mich deshalb unglücklich.

Um auf andere Gedanken zu kommen, mache ich einen kleinen Spaziergang. Vom Hotel aus führt ein schmaler, gewundener Pfad durch den Olivenhain hinunter zum Meer. Der feinsandige Naturstrand ist umgeben von Felsen. Dort, wo die Steilküste vom Meer unterspült worden ist, hat sich eine große Höhle gebildet, die nicht sehr tief in den Felsen hineinreicht, aber eine beeindruckende Höhe hat.

Der Strand ist menschenleer. Das kristallklare Wasser verführt zum Schwimmen. Ich freue mich auf eine Abkühlung. Während ich mich in der Höhle umziehe, fällt mein Blick auf eine Handvoll Bambusstöcke draußen auf dem Strand, die in Form eines kleinen Zeltes zusammenstehen und ein auf dem Sandboden liegendes Gitter einzäunen. Es gibt an diesem Strandabschnitt rund ein Dutzend dieser seltsam anmutenden Mini-Tipis. Ich weiß, dass sie von Naturschützern aufgebaut werden, um die Nester der hiesigen Schildkröten zu schützen - nicht nur vor kleinen Raubtieren, sondern vor allem vor unbedachten Touristen.

Ich erinnere mich, dass wir als Kinder wach bleiben durften, um die frisch geschlüpften Schildkrötenbabys auf ihrer kurzen Wanderung ins Meer zu beobachten. Oft schliefen wir zwar beim Warten ein, aber wir wollten dieses aufregende Abenteuer jeden Sommer aufs Neue erleben und fühlten uns wie kleine Heldinnen, wenn es uns gelang, die Schildkrötenwanderung mit eigenen Augen zu sehen.

Ich schlendere am Strand entlang und lasse den Blick schweifen. Die Schönheit der Natur auf der Peloponnes ist einzigartig. Warum bin ich in all den Jahren eigentlich nie mit Fin hier gewesen? Hatte ich womöglich Sorge, dass er mir mit ironischen Bemerkungen und schlechter Laune das Idyll meiner Kindheit madig machen könnte?

Mir wird klar, wie grundverschieden wir sind. Unsere Ehe befindet sich seit geraumer Zeit in einer Schieflage. Ich fühle mich von Fin nicht nur alleingelassen, sondern auch unverstanden, besonders wenn es um den alltäglichen Kram geht. Manchmal scheint es mir, als würde das Lebensglück aller ausschließlich auf meinen Schultern lasten. Das macht mich oft wütend, und dann fühle ich mich ohnmächtig.

Will Fin nicht sehen, wie es mir geht? Interessiert er sich einfach nicht dafür? Oder will er sich dem Problem nur nicht stellen, weil das für ihn mit unbequemen Konsequenzen verbunden sein könnte? Ich weiß es nicht. Es müsste sich in unserem Leben etwas ändern, wahrscheinlich müsste auch er sich ändern. Aber Veränderungen behagen ihm nicht. Ich würde ihm das gern klar und sachlich darlegen, aber immer, wenn ich in Diskussionen von meinen angestauten Gefühlen überwältigt werde, fühle ich mich überfordert, und ich kann ihm dann nicht verständlich machen, was mich bedrückt. Regelmäßig scheitere ich bei dem Versuch, unseren Gesprächen eine konstruktive Richtung zu geben, egal ob es um die Erziehung unserer Kinder, die Aufteilung alltäglicher Aufgaben oder unsere finanzielle Situation geht.

Unsere Streitereien werden von Mal zu Mal verletzender. Fin mauert. Er hält meine Bedürfnisse für übertrieben und tut sie als »Psychoquatsch« ab. Unwichtig, ob es unsere Kinder oder mich betrifft, mein Mann will sich einfach nicht mit Gefühlen, geschweige denn mit sich selbst auseinandersetzen. Er arbeitet lieber, als sich mit den emotionalen Wellen und Wünschen seiner Familie zu beschäftigen. »Alles nicht so wichtig«, lautet sein Credo. Schließlich, so argumentiert er dann immer, sorge er maßgeblich dafür, dass wir ein Dach über dem Kopf haben und genug zu essen da ist. Daher sieht er für niemanden Grund zur Klage. Dass auch ich einen kraftraubenden Beruf habe, aber dazu noch den ganzen alltäglichen Organisationswahnsinn übernehme, übersieht er einfach.

Im Laufe der Jahre habe ich versucht, mich mit seiner pragmatischen Art zu arrangieren, und seine Haltung in vielerlei Hinsicht übernommen - irgendwann sogar mir selbst gegenüber. Wenn ich heute zurückblicke, erkenne ich, wie wenig Aufmerksamkeit ich meinen Wünschen geschenkt und wie sehr ich meine Gefühle dabei ignoriert habe. Mir scheint, das bekomme ich jetzt schmerzlich zu spüren. Wie ein Hamster im Laufrad verrichte ich meine Pflichten. Mein Leben ist ein freudloser Marathon geworden, der mich nicht von der Stelle kommen lässt.

So sind die Jahre vergangen, ohne dass ich jemals mit meiner Familie hierher zurückgekehrt wäre, obwohl diese Gegend für mich in meiner Kindheit und Jugend eine Oase des Glücks war. Hier habe ich gelernt, darauf zu vertrauen, dass das Leben es gut mit mir meint - und ich hatte es verstanden, mich dem Moment hinzugeben.

Ich schaue zum Horizont und frage mich, wo diese Fähigkeiten nur hin sind. Wo ist meine Leichtigkeit geblieben? Warum habe ich die Dinge, die mir einst so wichtig waren, im Laufe meiner Ehe mit Fin aufgegeben? Warum sind meine Wünsche und Träume unter einem Berg von Verantwortung und Pflichten verschüttgegangen? Einem Berg, unter dem ich oft zu ersticken drohe.

Damals, als ich ins Leben startete, wollte ich alles anders machen als meine Eltern. Und jetzt? Ist es mir gelungen? Die Bilanz sieht traurig aus. Viele Vorstellungen, die ich von meinem Leben und von mir selbst hatte, sind heute unscharf und verblasst. Was ist von mir übrig geblieben? Wer bin ich noch nach all den Jahren? Ich hoffe, hier Antworten auf diese Fragen zu finden.

Das Wasser ist für die Jahreszeit erstaunlich warm und dabei herrlich erfrischend. Ich fühle mich wie eine Feder, die vom Meer mit leichter Hand getragen wird. Mein Körper schwebt. Zum ersten Mal seit sehr langer Zeit spüre ich den Hauch der Erinnerung daran, was es bedeuten könnte, loszulassen.

Ich schließe die Augen. Mein Kopf liegt auf dem Meer wie auf einem Kissen, das Wasser umschließt meine Ohren. Es kommt mir vor, als würde mich ein Kokon umgeben. Ich höre meinen Atem und spüre, wie das Blut in meinen Adern pulsiert. Für den Moment stoppt mein Gedankenkarussell, und ich schwebe im Hier und Jetzt.

Doch schon in der nächsten Sekunde hat mich die Panik wieder. Da ist dieser Stein in meiner Brust. Zentnerschwer zieht er mich in die Tiefe. Ich ringe nach Luft und habe das Gefühl zu ertrinken.

Früher habe ich die Stille gemocht – ja sogar gesucht. Heute macht sie mir Angst. Je stiller es um mich herum wird, desto lauter und turbulenter geht es in meinem Innern zu. Das Gefühl, in einem Meer von Gedanken zu ertrinken und keine Luft zu bekommen, kenne ich gut.

Ich muss raus. Sofort! Raus aus dem Meer. Hektisch schwimme ich zurück zum Strand, um dort zu merken, dass die Sonne gleich hinter dem Horizont verschwunden sein wird. Die Felsen werfen lange Schatten. Ich packe meine Sachen zusammen und gehe schnell zurück zum Hotel.

Als ich dort ankomme, fröstelt es mich. Ich bestelle beim Zimmerservice einen warmen Tee und lege mich dann gleich aufs Bett, erfasst von einer plötzlichen, bleiernen Müdigkeit. Als man mir kurz danach den Tee aufs Zimmer bringen will, vernehme ich im Halbschlaf nur noch dumpf und wie von fern ein leises Klopfen an meiner Tür.

WIEDERSEHEN IM HAUS DES LEBENS

Ich erwache bei Sonnenaufgang. Der kalte Tee vor meiner Tür erinnert mich daran, dass ich mehr als zehn Stunden geschlafen habe. Offensichtlich hatte ich einiges nachzuholen. Ich fühle mich nicht nur ausgeruht, sondern auch zuversichtlicher als gestern und beschließe, die frühen Morgenstunden mit einem ausgedehnten Spaziergang zu verbringen. Eine gute Idee, wie ich wenig später feststelle. Das Licht am Meer ist traumhaft, die Luft schmeckt wie frisch gesiebt, und zu dieser frühen Stunde habe ich den Strand ganz für mich allein.

Mein Spaziergang endet an einer Felswand. Man kann das Hindernis mithilfe einer alten Holztreppe, die steil auf die Klippe hinaufführt, umgehen. Wind und Wetter haben die Stufen im Laufe der Jahre morsch werden lassen. Es gibt kein Geländer, sondern nur ein dünnes Drahtseil auf einer Seite, an dem ich mich festhalte, während ich einerseits ängstlich, andererseits neugierig die wackeligen Stufen erklimme. »Seltsam«, kommt es mir in den Sinn, »genauso unsicher wie diese Stiegen fühlt sich momentan mein Leben an.«

Oben angekommen, staune ich nicht schlecht. Ein

atemberaubendes Panorama tut sich vor mir auf. Von hier aus kann ich nicht nur mein Hotel sehen, sondern auch weite Teile der Küste überblicken. In der Ferne erkenne ich die Umrisse eines Sandsteinhauses, das zu einer Festungsruine gehört. Sie liegt ein Stück landeinwärts, eingebettet in ein Feld aus vertrockneten Gräsern und blühendem Ziertabak auf der einen und Weinstöcken auf der anderen Seite. Die Morgensonne lässt die Sandsteinmauern in einem satten Orange leuchten. Das warme Licht macht mich neugierig, außerdem frage ich mich, warum mir dieses Haus nie zuvor aufgefallen ist. Bisher glaubte ich, jeden Winkel dieser Gegend zu kennen.

Trotzdem kommt mir der Anblick seltsam vertraut vor. So wie über allem hier liegt auch über dem Haus ein längst vergessener Zauber. Ich spüre seine Anziehungskraft und dass der Sog mit jedem Schritt stärker wird. Als ich das Haus erreiche, ist die Holztür nur angelehnt. In einem angebauten Bogen rechts neben der Tür hängt eine rostige Glocke.

»Vielleicht habe ich dieses Haus früher immer übersehen«, denke ich und betrete fasziniert und voller Ehrfurcht sein Inneres. Durch ein kleines, buntes Fenster wirft die Morgensonne einen Lichtkegel auf den kunstvoll mit einem Mosaik verzierten Boden. Es herrscht heilige Ruhe. Die sakrale Atmosphäre raubt mir fast den Atem.

Es gibt nur diesen einen Raum, der bis auf ein paar alte Holzbänke leer ist. Andächtig setze ich mich auf eine der wackeligen Sitzgelegenheiten und schaue mich um. Es ist kühl, und der leicht modrige Geruch von feuchtem Holz

und kaltem Weihrauch liegt in der Luft. Ich betrachte das wunderschöne alte Mosaik auf dem Fußboden etwas genauer. Es ist so groß, dass es die Hälfte des Raumes einnimmt, und besteht aus Einzelmotiven, die in einem perfekten Kreis angeordnet sind. Im Zentrum fehlt ein Bild, obwohl auch hier eines gewesen sein muss, denn wie bei den anderen Darstellungen ist die terracottafarbene Umrandung zu erkennen. Auch die Abbildungen des äußeren Kreises sind nicht vollständig erhalten. Es fehlen Steine, manche der einst prächtigen Farben sind verblasst.

Während mir das Motiv im Zentrum ein Rätsel bleibt, sind die anderen Bilder gut zu erkennen. Ich zähle zwölf davon. Es sind allesamt Frauen, auf den ersten Blick mystische Figuren. Göttinnen vielleicht. Als ich zu entschlüsseln versuche, was die Bilder bedeuten könnten, lässt ein tiefes Seufzen mich aufschrecken.

Ich bin nicht allein. Die alte Frau, die im Halbdunkel sitzt und in ein Gebet vertieft zu sein scheint, hatte ich überhaupt nicht bemerkt. Jetzt fühle ich mich ertappt. Ich möchte sie nicht in ihrer Andacht stören und will gehen.

»Wohin so eilig?«, fragt sie freundlich.

Überrascht drehe ich mich zu ihr um. Ihre wachen Augen ruhen auf mir. Dann kommt die Greisin lächelnd auf mich zu. Ihr von der Sonne gegerbtes Gesicht ist von tiefen Furchen durchzogen und erzählt von einem bewegten Leben.

»Meinetwegen musst du nicht gehen«, sagt sie, und ihre hellblauen Augen strahlen mich offenherzig an. Ihre schlohweißen Haare sind zu einem dicken, langen Zopf geflochten. In der einen Hand trägt sie einen Strohhut und in der anderen ein kleines Bündel mit frischem Gemüse. »Außerdem sind wir uns schon mal begegnet«, fügt sie hinzu.

Überrascht blicke ich die alte Frau an. Sie spricht perfekt Deutsch. Nur ein leichter Akzent verrät, dass sie hier heimisch sein muss. Mit ihrer warmherzigen und geerdeten Art strahlt sie große innere Ruhe und Lebenskraft aus. Es umgibt sie diese besondere Aura, wie sie jene Menschen haben, bei denen der Blick länger verweilt, wenn sie einen Raum betreten. Mit ihrem langen Rock und dem Bündel in der Hand scheint sie wie aus der Zeit gefallen.

»Ich wollte Sie nicht in Ihrem Gebet stören«, entschuldige ich mich und strecke ihr meine Hand entgegen. »Ich bin …«

»Lisa«, erwidert sie lachend, ergreift meine Hand und tätschelt sie. »Aber das weiß ich doch! Wir kennen uns schon lange, Lisa.«

»Ach ja? Woher denn?«, frage ich erstaunt.

»Du hast mit deinen Eltern und deiner Schwester hier immer deine Ferien verbracht und uns bei der Olivenernte geholfen.« Sie lacht heiser und gibt dabei ihre vielen Zahnlücken preis. »Das ist zwar schon viele Jahre her, aber ich habe dich nicht vergessen.«

»Das ist tatsächlich eine halbe Ewigkeit her«, sage ich, halb nachdenklich, halb entschuldigend. Obwohl sie mir auf eine gewisse Art und Weise tatsächlich sehr vertraut scheint, erkenne ich sie nicht. Ihre Augen haben das kristallklare Blau des Meeres, und so wie man manchmal durch das Wasser hindurch bis zum Boden sehen kann, so habe ich gerade das Gefühl, einen kurzen Blick in ihre Seele werfen zu können. Sie scheint ohne Argwohn und Misstrauen.

»Früher hast du mich immer Tante Ju genannt«, hilft sie mir auf die Sprünge.

»Tante Ju?«, wiederhole ich ungläubig und schaue sie völlig konsterniert an. »Meine Tante Ju?«

Sie lacht. »Ja, deine Tante Ju.«

Nun fällt es mir wie Schuppen von den Augen. Klar, sie ist es, jene Bäuerin, bei der ich viele glückliche Sommer verbracht und die ich damals einfach zu meiner Tante gemacht habe. Ich hätte sie doch sofort erkennen müssen, so nah wie wir uns damals waren. Jetzt kommt die Erinnerung langsam zurück. Eigentlich war ihr Name Judith, und ihr Haus lag nicht weit von dem Ferienhaus meiner Eltern entfernt.

In mir blitzen Bilder der Vergangenheit auf, aber ich kann diese Erinnerungsschnipsel nicht sofort zusammensetzen. Zu viele Jahre sind vergangen. Gesichter, die mir im Laufe meines Lebens begegnet sind, haben alte Bilder verblassen lassen oder sind zu einem neuen Ganzen verschmolzen. Auch an Judith sind die Jahre nicht spurlos vorübergegangen.

Manchmal kommt es mir vor, als hätte ich in den letzten Jahrzehnten gleich mehrere Leben gehabt, so intensiv wie ich gelebt habe. Einige Menschen habe ich auf meiner Reise mitgenommen, andere wiederum in den jeweiligen

Abschnitten zurückgelassen, obwohl sie mir viel bedeutet haben.

Ich verspüre plötzlich das dringende Bedürfnis, Judith in die Arme zu schließen. Aber ich traue mich nicht. Ich habe ein schlechtes Gewissen. Warum habe ich Judith nie wieder besucht? Und warum treffe ich sie ausgerechnet am ersten Morgen nach meiner Ankunft hier an diesem ungewöhnlichen Ort? Was hat uns zusammengeführt?

»Ich freue mich sehr, dich wiederzusehen, Tante Ju. Als ich eben dieses Haus entdeckt habe, da konnte ich nicht glauben, dass es mir früher nie aufgefallen ist. Vermutlich habe ich es ebenso vergessen wie vieles andere aus meiner Kindheit.«

»Oder du hast es tatsächlich immer übersehen«, überlegt Judith. »Und heute siehst du es zum ersten Mal.«

»Aber warum ausgerechnet heute und nie zuvor?«

»Weil du es früher nicht gebraucht hast?«, fragt Judith lächelnd. »Oder weil du früher nicht danach gesucht hast?«

»Ich habe heute auch nicht danach gesucht«, entgegne ich. »Ich habe mich bei meinem Spaziergang einfach nur treiben lassen, und dabei habe ich es entdeckt.«

»Dann bist du also nicht an diesen Ort zurückgekehrt, weil du etwas suchst?«, hakt Judith nach.

Ich schaue in das kristallklare Blau ihrer Augen und fühle mich ertappt.

Sie bemerkt es. »Also hast du es vielleicht doch gesucht.«

Ich spüre, wie ihr Satz sich in Stille verwandelt und tief in mir nachwirkt.

»Was ist das für ein Haus?«, erkundige ich mich nach einer Weile.

»Es hat eine lange Geschichte und wird das Haus des Lebens genannt.«

DAS GEHEIMNIS DES MOSAIKS

Judith zeigt auf das Bodenmosaik. »In diesen Bildern ist ein Geheimnis verborgen, das seit Jahrhunderten gehütet und stets von einer Generation zur nächsten weitergegeben wird«, erklärt sie mit Stolz in der Stimme. Ihre Worte hallen erneut in mir nach.

»Dass es nicht nur wunderschön ist, sondern auch rätselhaft, das habe ich mir sofort gedacht«, sage ich. »Aber was ist das für ein Geheimnis? Gibt es ein Buch darüber? Oder kann ich sonst irgendwo etwas dazu nachlesen?«

Judith schüttelt den Kopf. »Die Geschichte wird mündlich überliefert. Die Alten erzählen sie den Kindern. Mir hat meine Großmutter vom Mosaik des Lebens berichtet.«

»Heißt das, Fremde können nicht in dieses Geheimnis eingeweiht werden?«, frage ich.

»Doch, ich sage dir gern alles, was ich weiß«, antwortet Judith und überlegt kurz. »Alles andere musst du sowieso selbst herausfinden.«

Ihre letzte Bemerkung lässt mich zwar stutzen, aber ich hake nicht nach. Ich fühle plötzlich, wie die Zeit einen anderen Takt zu schlagen scheint. Ich habe keine Eile mehr. Nichts treibt mich an oder von hier weg. Vor niemandem brauche ich mich zu rechtfertigen, denn niemand wartet auf mich. Ich darf mit Judith einfach Zeit verbringen und plaudern. Das tun, worauf ich gerade Lust habe. Wow, was für ein Gefühl. Ich hatte ganz vergessen, dass es das gibt. »Gut«, erwidere ich daher nach einem kurzen Moment, »ich bin gespannt darauf zu erfahren, was die Frauen in diesem Mosaik zu bedeuten haben. Hat es einen Grund, dass sie alle im Kreis angeordnet sind?«

»Ja. Sie stellen die zwölf Urbilder unseres Ichs dar, die den Kreis des Lebens bilden. Manche nennen sie auch Urformen des Ichs oder Archetypen. Dieser Begriff kommt übrigens auch von hier, also aus dem Griechischen: ›archē‹ bedeutet Anfang oder Ursprung, ›typos‹ heißt so viel wie Skizze, Bild oder Vorbild. Du siehst hier also unsere zwölf Archetypen.«

»Unsere … Archetypen? Haben denn alle Menschen die gleichen?«

Judith nickt. »Aber jeder Mensch versteht und bewertet das Mosaik auf seine eigene Art und Weise. Nehmen wir mal diese Dame hier …« Sie geht zu einem Bild, das eine Frau mit Zepter und Weltkugel zeigt. Ihr Blick ist stolz, in ihrem Schoß liegt eine Peitsche. »Das ist die Herrscherin in uns.«

»Beeindruckende Erscheinung«, stelle ich fest.

»Ja, sie blendet uns gern mit den Zeichen ihrer Macht. Sie ist eine große Manipulatorin und die härteste Kritikerin in uns.«

»Wieso in uns?«, frage ich.

»All diese Archetypen finden wir in uns«, antwortet Judith. »Jede ist ein Teil unserer Persönlichkeit, eine Grund-

haltung unseres Ichs. Und jede von ihnen kann unser Seelenleben beeinflussen und bestimmen, wie wir fühlen und denken oder wie wir mit uns selbst und mit anderen umgehen.«

»Wie soll das funktionieren?«, rätsele ich verwirrt.

»Allen Frauen hier kannst du bestimmte Gefühle und Eigenschaften zuordnen. Außerdem kannst du sie lenken und für deine Ziele einsetzen«, fährt Judith fort.

»Das verstehe ich nicht ganz«, gebe ich zu.

»Wenn wir unseren Eigenschaften Rollen zuweisen, können wir besser mit ihnen umgehen, weil wir in der Lage sind, in einen inneren Dialog mit ihnen zu treten«, erklärt sie und fügt hinzu: »Aber es macht nichts, wenn du dir das noch nicht vorstellen kannst. Das kommt schon noch.« Ihre Worte beruhigen mich. Judith betrachtet das Mosaik konzentriert und deutet dann auf die Gestalt rechts neben der Herrscherin. »Dies ist die Schwarzseherin.«

Eine alte Frau hockt gramgebeugt auf einem Stuhl. Sie trägt ein schwarzes Kleid, ihr graues Haar ist hinten zu einem Dutt zusammengebunden. Ihr Kopf steckt in einer grauen Unwetterwolke. Das Gesicht schimmert durch den Nebel hindurch und ist nur vage zu erkennen. Ihre Augen sind geschlossen.

»Schläft sie?«, will ich wissen.

»Nein, sie ist blind, blind vor Angst«, antwortet Judith.

»Unheimlich.«

»Ja, dieses Gefühl der Beklommenheit ist typisch für sie«, bestätigt Judith. »Die Schwarzseherin ist unser furchtsames Ich und hat etwas Beunruhigendes, ja geradezu Bedrohliches an sich.«

»Und diese Frau gibt es auch in mir?«, frage ich skeptisch.

Judith nickt. »Natürlich. Mal mehr, mal weniger. Je nachdem, wie sehr du dich in ihrem Spinnennetz der Schwarzmalerei verfängst.«

»Auf den ersten Blick sieht sie wie ein harmloses kleines Mütterlein aus«, überlege ich. »Aber das täuscht vermutlich.«

»Allerdings«, erwidert Judith. »Du darfst ihre destruktive Kraft nicht unterschätzen.«

»Wie erkenne ich, dass mich ihre Spinnenfäden einwickeln?«, frage ich mit einem mulmigen Gefühl weiter.

»Sie ist dir offenbar unangenehm«, stellt Judith fest.

»Ja, das ist sie. Ich würde sie gerne kennenlernen, um mich vor ihr schützen zu können.«

Judith legt beschwichtigend ihre Hand auf meinen Arm. »Gemach. Du wirst alles zu seiner Zeit erfahren.«

»Also eins nach dem anderen«, übersetze ich.

Sie nickt. »Die meiste Zeit des Tages sprechen wir entweder mit uns selbst, oder wir befinden uns in einem Gespräch mit anderen. Das geht morgens nach dem Aufwachen los. Schon deinen ersten Gedanken des Tages wirst du später, wenn du sie alle kennst, einem dieser Archetypen zuordnen können. Denn jeder spricht in Form von Gedanken zu dir. Ich erkläre dir das Prinzip am besten zuerst anhand der Herrscherin.

Sie ist leicht zu erkennen und steht für dein kritisches

und kontrollierendes Ich. Sie will bestimmen, wer du bist und wie du zu sein hast. Eine Perfektionistin, die dich permanent überwacht und bewertet. Sie setzt dich so massiv unter Druck, dass du zu Höchstleistungen angestachelt wirst. Es ist ihr egal, ob du dich dabei bis zur völligen Erschöpfung aufreibst. Sie schwingt auch dann noch ihre Peitsche, wenn du längst nicht mehr kannst. Hat die Herrscherin großen Einfluss auf dich, sind deine Gedanken über dich und andere abwertend. Du denkst dann zum Beispiel: ›Ich bin nicht gut genug.‹ Oder: ›Ich habe mich nicht richtig verhalten.‹ Die Herrscherin befiehlt dir, wie du zu sein und was du zu tun hast. Wenn sie in dir rumort, beginnen viele deiner Gedanken deshalb mit: ›Ich muss.‹ Damit treibt sie dich an. Durch sie bekommst du das Gefühl, immer alles schnell erledigen zu müssen.«

»Oh«, sage ich und fühle mich wieder ertappt.

»Das kommt dir bekannt vor?«

»Allerdings«, gebe ich zu. »Ist denn jedem Archetyp solch ein typischer Gedanke oder Satz zugeordnet?«

»So ist es. Sogar mehrere. Einige der Frauen sprechen tagein, tagaus und sehr laut zu uns, andere wiederum hören wir selten oder gar nicht. Die lauten Stimmen sind die aufdringlichen Archetypen. Sie halten uns in unseren ewigen Gedankenschleifen fest. Andere Stimmen, wie die der Magierin oder die der Künstlerin oder auch die der Schöpferin, hören wir kaum, weil sie nur ganz zart und leise aufbegehren. Oft vergessen wir, dass es sie überhaupt gibt.«

»Wie ist das bei der Schwarzseherin? Was sind ihre Lieblingssätze?«, hake ich nach.

»Sie lauten: ›Ich befürchte das Schlimmste!‹ Oder: ›Ich sehe schwarz!‹ Das ist ihre Grundhaltung. Sie ist davon überzeugt, dass jede Situation in einer Katastrophe endet, und in allem, was wir denken und tun, sieht sie den drohenden Untergang. Sie nährt immer wieder unsere Zweifel und sorgt für Angst und Schrecken. Mit Sätzen wie: ›Das geht sicher schief.‹ Oder auch: ›Das wird böse enden.‹ Wenn wir solche Unkenrufe hören, ist es oft die Schwarzseherin, die uns mit dunklen Ahnungen verfolgt.«

»Oh ja, das kenne ich nur zu gut«, murmele ich und spüre, wie mir ein kalter Schauer über den Rücken läuft.

Judith bemerkt meine Unruhe. »Sie hat auf viele von uns einen großen Einfluss. Aber wenn du sie enttarnst und ihr entgegentrittst, verliert sie ihre zerstörerische Kraft. Wir werden uns später noch genauer mit ihr befassen. Jetzt möchte ich dir aber erst einmal alle Frauen aus dem Mosaik einzeln vorstellen, damit ein Gesamtbild entsteht. Das erleichtert vieles. Denn alle hängen voneinander ab und beeinflussen sich gegenseitig.«

Ich nicke. »Gut. Nur zu.«

»Kommen wir nun zur Retterin«, fährt Judith fort und zeigt auf das Bild einer ausgemergelt wirkenden Ordensfrau, die zusammengekauert in einem weißen Gewand mit schwarzem Überwurf und schwarzem Schleier auf dem Boden kniet. Sie lässt den Kopf hängen und starrt mit leerem Blick vor sich hin. Die Haare werden von einer weißen Haube bedeckt, die unter dem Schleier zu sehen ist und das Gesicht der Frau noch schmaler erscheinen lässt, als es ohnehin ist.

»Ihr Motto lautet: ›Ich helfe, also bin ich‹«, erklärt Judith. »Dafür reibt sie sich auf.«

»Sie sieht aus, als hätte sie wirklich alles gegeben«, folgere ich traurig und merke, wie sehr ich mich ihr verbunden fühle. »Ich glaube, ich weiß sehr gut, wie miserabel sie sich fühlt.«

Judith mustert mich von der Seite und nickt. »Ja, das stimmt. Sie sieht so bemitleidenswert aus, weil sie nicht auf sich achtet und uns glauben lässt, dass alle anderen wichtiger sind als wir selbst.«

Bei Judiths wahren und direkten Worten spüre ich einen Kloß im Hals. Rasch wechsele ich das Thema. »Und diese hier?« Ich zeige auf das Bild links von der Herrscherin. Die Abbildung ist unvollständig, und die Farben sind verblasst. Dennoch erkenne ich eine junge Frau, die vor einer vergitterten Tür steht und verzweifelt die Eisenstangen umklammert. Sie scheint nicht zu bemerken, dass die Wände ihres Gefängnisses fehlen. Sie könnte mühelos fliehen, wenn sie sich umschauen und einfach zur Seite wenden würde.

»Das ist unser gefangenes Ich. Die Gefangene hält krampfhaft an den Strukturen ihrer Kindheit und den negativen Erfahrungen ihrer Vergangenheit fest.«

»Aber sieht sie denn nicht, dass sie eigentlich frei ist?«

»Nein. Sie ist die Gefangene ihrer selbst und klammert sich verzweifelt an ihre negativen Gefühle und die sich daraus ergebenden Glaubenssätze. Das macht sie blind vor Schmerz und hindert sie daran, sich selbst zu befreien.«

»Sie klammert sich an ein Gefängnis?«

»Ja. Das Bekannte gibt ihr die Sicherheit, nichts falsch zu machen.«

»Und eine solche Gefangene hat jeder in sich?«, staune ich ungläubig. »Wie zeigt sie sich?«

Judith lächelt. »Nun, sie hat für alles, was wir aus Angst vor Veränderung nicht tun, einen ganzen Strauß von Erklärungen und Entschuldigungen parat. Sie beruhigt sich – und damit uns – mit Ausflüchten und Ausreden. Sie lässt uns an unserer Kraft und unseren Möglichkeiten zweifeln und immer wieder denken: ›Ich kann mich und die Dinge nicht ändern!‹ Oder: ›Das kann ich nicht machen!‹ Oder: ›Das geht doch nicht!‹«

»Heißt das, sie hält uns davon ab, Entscheidungen zu treffen?«

»Allerdings. Vor allem, wenn es sich um solche handelt, die uns aus unserer Routine und unserer Komfortzone herausholen würden«, erwidert Judith. »Sie boykottiert jeden Gedanken an die Freiheit und befindet sich angesichts von Veränderungen rund um die Uhr im Widerstand und im Abwehrmodus. Das ist ihre Grundhaltung.«

Ich betrachte die Gefangene und spüre, dass sie mir leidtut. Es wäre so einfach für sie, den Schritt in die Freiheit zu machen, aber ihr selbst gewähltes Gefängnis ist stärker als die dicksten Mauern.

Judith bemerkt, dass ich grübele. »Woran denkst du gerade?«

»Ich frage mich, wie sie sich befreien kann. Ist sie dazu überhaupt in der Lage?«

»Sie müsste den Blick nach innen richten«, antwortet Judith. »Oft ist es so, dass es dazu einen anderen Archetyp braucht: die Liebende. Sie war es, die mir geholfen hat. Und ich weiß, dass meine Mutter auf ihre Liebende immer sehr geachtet hat.«

DIE ZEICHEN DER KRAFT

»Die Liebende?«, wiederhole ich. »Hört sich schön an.«

»Ja, es gibt auch schöne Anteile in uns«, bestätigt Judith.

Ich blicke auf das atemberaubende Bild einer fast nackten Frau mit langen blonden Haaren. Ein weißes Tuch umhüllt ihren Körper. Sie kniet am Ufer eines Sees und schöpft mit den Händen Wasser. Die Sonne hüllt sie in ein überirdisches Licht. Es scheint sich in ihren blonden Haaren verfangen zu haben, wo es wie ein Heiligenschein leuchtet.

»Sie sieht aus wie eine Sonnengöttin«, stelle ich beeindruckt fest.

»Ja. Das stimmt. Auf den ersten Blick wirkt es so. Mich erinnert sie allerdings eher an Aphrodite. Wenn du genauer hinschaust, kannst du erkennen, dass der See, aus dem sie Wasser schöpft, sich in einer Muschel befindet. Sie ist ihr typisches Symbol.«

»Also doch keine Sonnengöttin, sondern eine Liebesgöttin in Gestalt von Aphrodite, der griechischen Göttin der Liebe und der Schönheit?«

»Ja, aber in der Liebenden steckt mehr als nur die erotische Liebe. Es geht um die allumfassende Liebe, die

Selbstliebe eingeschlossen. Sie wohnt in unserem Herzen und ist wie ein Sonnenwesen, das aus sich selbst heraus strahlt. Bewegen wir uns in der Liebe, sind wir frei. Weil sie mit dem Herzen schaut, erhellt sie unseren Blick und macht uns verständnisvoller uns selbst und anderen gegenüber. Und sie hilft uns, den Herausforderungen des Lebens geduldiger zu begegnen.«

Ich schweige nachdenklich.

Judith sieht mich freundlich an. »Kannst du sagen, was Liebe für dich bedeutet? Ich meine, weißt du das?«

»Das frage ich mich auch gerade«, überlege ich. »Bislang habe ich mir nicht klargemacht, dass Liebe so viele verschiedene Facetten hat.«

»Es gibt noch eine Menge mehr«, erwidert Judith. »Das Gefühl der Verbundenheit ist Liebe, aber auch das Mitgefühl. Oder die Hingabe.«

Ich denke über ihre Worte nach. Die Liebe zu meinen Kindern hat mich eine ganz neue Dimension von Liebe erleben lassen. Durch diese Liebe habe ich aber plötzlich auch Angst davor bekommen, dass ich etwas ganz und gar Unersetzliches verlieren könnte.

»Liebe macht verwundbar«, stelle ich fest.

Judith blickt mich erstaunt an. »Ach ja? Empfindest du das so? Mich macht sie gefühlt eher unverwundbar, denn sie ist unabhängig von äußeren Umständen, wenn wir sie in ihrer ursprünglichen Kraft leben. Und sie hört nie auf.«

Ich bin beeindruckt. Was für ein kluger Mensch sie ist. Gespannt darauf, noch mehr zu erfahren, wende ich mich wieder dem Mosaik zu.

Neben der Liebenden sehe ich eine junge Frau mit langen, roten Locken, die auf dem Gipfel eines Berges steht und ihre Arme zum Universum streckt, als wollte sie nach den Sternen greifen. Ihr Blick geht nach oben, und von ihrem Kopf aus steigt eine Lichtsäule ins Universum empor.

»Diese Frau ist wunderschön. Ist sie eine Zauberin?«, frage ich.

»Das ist die Magierin, unser spirituelles Ich«, antwortet Judith.

»Unser spirituelles Ich?«, wiederhole ich und schüttele entschieden den Kopf. »So etwas habe ich nicht. Leider.«

»Ob du es nun willst oder nicht, die Magierin verkörpert auch deine Spiritualität. Ihre Kraft ist der unerschütterliche Glaube an das Unsichtbare zwischen Himmel und Erde. Was wünschst du dir? Wie möchtest du dich in der Zukunft fühlen? Das ist es, was sie von dir wissen will. Dabei fordert sie dich auf, groß zu denken. Ihr Credo lautet: ›Sei dankbar und lasse Wunder zu!‹ Denn erst dadurch werden Wunder möglich.« Judith sieht meinen fragenden Blick und fügt hinzu: »Sie kann auch eine Philosophin sein, die unsere Welt und das Leben hinterfragt und verborgene Perlen der Erkenntnis entdeckt. Dann hat sie einen Sinn für das Geheimnisvolle. Oder sie ist eine Visionärin und hilft dir, dich selbst, das Leben und deine Ziele so klar zu sehen, dass sie eines Tages Wirklichkeit werden können.«

Ich überlege, dann schüttele ich erneut den Kopf. »Nein, ich bleibe dabei. Es klingt zwar erstrebenswert, aber ich glaube nicht, dass ich eine Magierin in mir habe. Vielleicht wirken doch nicht in allen Menschen die gleichen Archetypen.«

»Doch, glaub mir, Lisa. Auch in dir wohnt eine Magierin«, beharrt Judith. »Vielleicht war sie es sogar, die dich an diesen Ort geführt hat? Vielleicht hat sie dir eingeflüstert: ›Lass los und vertrau.‹«

Ich bin überrascht. So habe ich das noch nicht gesehen.

»Oft überhören wir die Magierin in unserer Gedankenwelt. Dann ist sie im Unterbewusstsein verborgen und wartet nur darauf, von uns gerufen zu werden.«

»So wie die Schöpferin und die Künstlerin, die du eben erwähnt hast?«, frage ich.

Judith lächelt. »Genau. Auf diese beiden trifft es ebenfalls zu.«

»Die sind mir bestimmt genauso fremd wie die Magierin«, antworte ich.

Judith lacht. »Glaubst du das wirklich?«

»Ja, ich denke schon. Wie ist es bei dir? Kennst du all diese tollen Frauen in dir oder nur die lauten und unsympathischen?«

Wieder lacht Judith. »Die Schöpferin ist mein achtsames Ich und mein Liebling unter den Archetypen. Sie mahnt mich stets: ›Sei achtsam und nimm an, was ist!‹ Sie ist die pure Bewusstheit und dadurch der Archetyp, der am stärksten bereit ist, Verantwortung für unser Leben zu übernehmen.«

»Lass mich raten. Ist es die da?«, frage ich und zeige auf eine alte Frau, deren Füße tief in der Erde verwurzelt sind.

Ihre langen, weißen Haare ragen in den Himmel wie Antennen. Ihre Augen sind geschlossen, die Aufmerksamkeit ist nach innen gerichtet. Sie lächelt entspannt, als würde sie meditieren.

»Genau. Sie hat den direkten Kontakt zur Welt und weiß um das Leben«, erwidert Judith. »Sie ist immer nur auf den nächsten Schritt, den nächsten Atemzug konzentriert. Mit ihrer Intuition schwingt sie im Einklang, und das heißt im Hier und Jetzt. Sie schöpft Kraft und Schönheit durch Achtsamkeit und nimmt an, was ist, und das sowohl in der inneren als auch in der äußeren Welt.«

»Sie nimmt an, was ist? Wie meinst du das?«

»Die Schöpferin weiß um ihre Gefühle, bewertet diese aber nicht. Dankbarkeit ist ihre Quelle. Sie übernimmt Verantwortung für das Erleben jedes Augenblicks durch Bewusstheit und kann uns auf diesem Weg frei machen für ein besseres Morgen«, erklärt Judith.

Ich wiege den Kopf hin und her. »Es ist, wie ich eben befürchtet habe. Diese Stimme ist mir fremd. Leider.«

»Noch«, fügt Judith hinzu. »Du kannst jeden Tag etwas verändern. Es ist nicht zu spät, alle Frauen in dir zu finden und zu hören. Vielleicht ruft die Schöpferin schon lange nach dir, aber du hast sie nicht hören wollen.«

Ich betrachte das Bild der Schöpferin und überlege, ob Judith recht hat.

»Und? Kennst du ihre Stimme vielleicht doch?«, fragt sie. »Oder erkennst du sie wieder? Kannst du dich daran erinnern, sie schon einmal gehört zu haben? Wenigstens ganz leise?«

Ich horche in mich hinein, dann schüttele ich den Kopf. »Nein. Ich höre nichts!«

»Und wenn du sie ansiehst, hast du dann eine Verbindung zu ihr?«, hakt Judith nach.

Wieder prüfe ich mich, wieder muss ich verneinen.

»Interessant«, befindet Judith. »Was ist mit diesem Bild?« Sie zeigt auf eine junge Frau, die am Meer steht und ihren Blick in die Ferne schweifen lässt. Ihr Haar weht im Wind.

Ich betrachte das verblasste Motiv.

»Sie macht mich traurig«, seufze ich. »Und sie löst ein Gefühl von Sehnsucht in mir aus.«

»Auch interessant«, erwidert Judith und lacht. »Diese Frau kennst du dann wohl ganz gut. Es ist die Sehnsüchtige.«

»Die Sehnsüchtige«, wiederhole ich.

»Du hast recht«, stellt Judith fest. »Es rührt einen, wie sie da so steht, unerlöst und voller Verlangen.«

»Worauf wartet sie?«, frage ich.

Judith zuckt mit den Schultern. »Es ist nicht wichtig, worauf sie wartet. Man könnte sagen, sie wartet auf alles und nichts. Sie ist getrieben von der Sucht, sich zu sehnen, und hat dieses Gefühl in einer endlosen Zeitschleife konserviert. Deshalb verhindert sie jede Veränderung. Ihr ganzes Leben ist ein ewiges Seufzen und Bangen, ein Hoffen auf Erlösung: Wenn doch nur dies und jenes passieren würde, dann wäre sie endlich, endlich frei. An jedes ihrer Sehnsuchtsbilder knüpft sie die Hoffnung auf Erlösung. Ihr Glück ist immer zum Greifen nah und doch in weiter Ferne.«

»Will sie denn überhaupt, dass ihre Wünsche wahr werden?«

»Gute Frage. Wie kommst du darauf?«

»Es klingt nicht so«, erkläre ich.

»Genau. Sie möchte viel lieber in ihrer Sehnsucht bleiben, weil es zwar schmerzlich, aber auch intensiv und zugleich schön ist. Auf diese Weise kann sie sich sicher fühlen.«

»Sicher? Wovor?«

»Vor Veränderungen. Sie will keine Veränderung. Sie plant, hofft und wartet lieber auf etwas, das nie eintreten wird. Damit fühlt sie sich wohler.«

»Welchen Einfluss hat die Sehnsüchtige wohl auf mein Leben?«, frage ich mich. »Kann ich ihre Beweggründe nachvollziehen? Will auch ich lieber keine Veränderung?« Mir will im Moment keine Antwort einfallen. Also schiebe ich das Problem schnell beiseite und zeige auf ein anderes Bild. »Wer ist diese Figur? Sie sieht glücklich aus und scheint außerdem witzig zu sein.«

Eine junge Frau sitzt auf einer Schaukel, mit der sie hoch in den Himmel fliegt. Die Seile der Schaukel sind so lang, dass sie sich in den Wolken verlieren. Die Haare der Glücklichen flattern im Wind. Sie lacht vergnügt und ausgelassen.

»Das ist die Närrin, dein sorgloser Persönlichkeitsanteil, denn sie kennt kein Gestern und kein Morgen, sondern ist einzig und allein dem Glück und der Freude des Augenblicks verpflichtet. Die Neugier treibt sie an. Jeder Tag ist für sie ein Neuanfang. Sie ruft dir zu: ›Nimm es leicht!‹

Und sie erlaubt dir, dich nur deinem Glück und dem Augenblick hinzugeben.«

»Schöne Vorstellung, mich nur auf Freude und Leichtigkeit auszurichten«, überlege ich. »Aber auch ein bisschen naiv. Jeder Mensch hat Verpflichtungen, denen er sich nicht einfach so entziehen kann.«

»Ja, kann man so sehen«, erwidert Judith. »Aber es hat niemand verlangt, dass du immer und allein auf die Närrin hören sollst. Sie ist dennoch eine durchaus hilfreiche Stimme. Mit ihrem verspielten Wesen verändert sie unseren Blick auf die Welt.«

»Indem sie schaukelt?«, spöttele ich.

»Indem sie alles auf den Kopf stellt. Sie bringt Dinge in Unordnung, sie relativiert, manchmal macht sie sich sogar über uns und unser Leben lustig. Aber gerade dadurch hilft sie uns, Situationen unbelastet und mit einer gewissen Heiterkeit und Leichtigkeit zu betrachten. Und sie trägt all unsere schönen Erfahrungen in sich. Aber es stimmt auch, dass wir uns im Überschwang verlieren oder in manchen Situationen den Ernst der Lage verkennen könnten, wenn wir unser Leben nur nach der Närrin ausrichten. Die Kunst besteht darin, sie gezielt in unser Leben zu lassen. Alle Archetypen haben ihre guten und schlechten Seiten. Aus diesem Grund sollten wir sie steuern, damit keiner die Führung übernimmt. Beherzige einfach, was über dem Eingang zum Orakel von Delphi geschrieben stand: ›Nichts im Übermaß.‹«

»Das stand da?«, frage ich überrascht. »Haben die Leute sich denn schon damals nach den Archetypen gerichtet?«

»Der Satz gilt nicht nur für die Archetypen, sondern für das ganze Leben«, antwortet Judith. »Wenn die Menschen heute nach Erholung, Entspannung oder nach einem Nervenkitzel suchen, dann liegt es daran, dass in ihrem Leben ein Übermaß existiert. Ein Übermaß an Arbeit oder Langeweile, an Geld oder Macht. Wir Menschen suchen instinktiv das Glück der Mitte. Das nennt man Zufriedenheit.«

»Ziemlich clever, dieses Orakel von Delphi.«

Judith zeigt mir lächelnd ihre Zahnlücken. »Es kommt noch besser.«

»Ich bin gespannt«, erwidere ich strahlend.

WARUM BIST DU HIER?

Ich schließe für einen Moment die Augen. Wie ich diese Zeit mit Judith genieße, jedes ihrer Worte in mich aufsauge. Es ist ein wahres Glück, sie wiedergetroffen zu haben und ihr zuzuhören.

»Da soll mindestens noch ein Satz über dem Portal gestanden haben: ›Erkenne dich selbst‹«, fährt Judith fort. »Diese Aufforderung umfasst zugleich den Ausgangspunkt und das Ziel unserer Reise. Nur wenn wir uns selbst kennen, können wir wissen, was gut für uns ist. Wenn wir aber nie versuchen herauszufinden, was gut für uns ist, dann werden wir nie dazu kommen, uns selbst zu erkennen.«

»Wollen wir Menschen nicht immer auf die Sonnenseite des Lebens?«, frage ich. »Ist es nicht logisch, dass wir uns der Närrin zuwenden, weil sie nur die schönen Seiten des Lebens sehen will?«

»Das will sie, allerdings verdrängt sie die dunklen Momente. Aber brauchen wir die nicht auch, damit wir das Licht überhaupt erkennen können? Müssen wir nicht Fehler machen, damit wir daraus lernen?«

»Das klingt logisch«, räume ich ein. »Trotzdem sind uns die dunklen Phasen im Leben unangenehm.«

Judith sieht mich eindringlich mit ihren klaren blauen Augen an. »Wenn du es verstehst, alle Frauen des Mosaiks zu führen und damit die Zustände deines Ichs, mit denen sie verbunden sind, zu lenken, wenn du begreifst, dass wir mit den Archetypen unseren Gefühlen Rollen zuordnen, damit wir mit ihnen in einen Dialog treten und auf diese Weise besser mit ihnen umgehen können, dann kannst du dich immer für die Sonnenseite in deinem Leben entscheiden, dann bist du frei. Du musst lediglich die Erfahrung machen, dass du deinen Gefühlen nicht ausgeliefert bist.«

»Das ist leicht gesagt«, bemerke ich lapidar. »Dabei hast du eben erklärt, dass es Jahre dauern kann, bis man das Mosaik verstanden hat.«

Judith zuckt mit den Schultern. »Der erste Schritt ist, von den Archetypen zu erfahren. Dann hilft die weitere Beschäftigung mit ihnen, auch wenn man nicht alle sofort versteht.«

»Ich bezweifle, dass ich sie alle in mir finden kann. Alle diese Frauen sollen tatsächlich in mir vorhanden sein? Das ist für mich schwer vorstellbar.«

»Alle und doch keine!«, antwortet Judith und zwinkert mir zu. »Achte auf deine Gedanken und versuche sie den verschiedenen Frauen zuzuordnen. Beobachte nur und bewerte nicht. Dann entscheide dich, wer von ihnen deine Ratgeberinnen sein sollen.«

»Aber ich kenne sie ja kaum! Wie soll ich entscheiden, welcher Gedanke wohin gehört, welcher Frau ich zuhören sollte und welcher Ratschlag für mich der beste ist?«

»Hab etwas Geduld«, mahnt Judith. »Noch sind wir ja nicht am Ende.«

»Geduld ist nicht meine Stärke«, erwidere ich.

»Da spricht jetzt der antreibende Teil der Herrscherin in dir«, unkt Judith und fügt hinzu: »Es geht nicht in erster Linie darum, das Mosaik möglichst schnell zu verstehen. Das ist keine Sache, die man rasch erledigen und dann einfach abhaken kann. Das Mosaik wird ab heute in dir weiterklingen und mit dir schwingen.«

Ich fühle das Blut in meinen Schläfen pochen. Aber ich ahne, dass in diesem Mosaik die Lösung meiner Probleme verborgen sein könnte. Was, wenn der Sinn meiner Reise wäre, es zu ergründen?

»Was denkst du?«, erkundigt sich Judith.

»Vielleicht fühlt man sich ja nicht mehr so allein mit seinen Gedanken und Entscheidungen, wenn man die Archetypen einbezieht.«

Judiths Augen blitzen freundlich auf. »Siehst du? Und schon fängst du an, dir das Mosaik zu eigen zu machen.«

Ich stutze und muss grinsen. »Stimmt.«

»Drei Archetypen haben wir noch«, sagt Judith. Sie wendet sich dem nächsten Bild im Kreis des Lebens zu. Es zeigt eine Frau, die auf einer Erdkugel sitzt und, umgeben von Sternen, durch ein Teleskop schaut. In den Händen hält sie ein aufgeschlagenes Buch. »Das ist die Wissenschaftlerin. Sie ist eine Gelehrte und unser sachliches Ich. In praktisch allen Bereichen der Kommunikation ist sie als kluge Beraterin an unserer Seite und hilft uns, in jeder Situation pragmatisch und wertfrei zu sein.«

»In Naturwissenschaften war ich noch nie besonders gut«, gebe ich zu bedenken.

»Das macht nichts«, erwidert Judith. »Es geht nicht um Naturwissenschaften, sondern um die Fähigkeit, Dinge nüchtern zu betrachten. Und genau das ist die Qualität der Wissenschaftlerin.«

»Das heißt, sie hält mich dazu an, in meinen Gedanken klar zu bleiben?«

»Sie kann noch mehr, aber im Wesentlichen ist es ihr Job, für Klarheit zu sorgen«, antwortet Judith und umrundet den Kreis.

Mein Kopf dröhnt von den vielen Informationen. Ich folge Judith, die nun bei einer Figur in Ritterrüstung stehen bleibt.

»Lass mich raten. Diese Ritterin kann uns beschützen.«

»Das ist die Kriegerin«, erklärt Judith. »So wie die Wissenschaftlerin uns auch dann hilft, wenn wir keinen Draht zu den Wissenschaften haben, so steht die Kriegerin uns selbst dann bei, wenn wir radikale Pazifisten sind. Sie ist eine der stärksten Frauen. Eine, mit der wir sehr viel bewegen können.«

»Inwiefern?«

»Die Kriegerin kämpft für unsere Werte, für unsere Ziele und Grenzen. Wie du siehst, zeigt ihre Schwertspitze in Richtung Himmel. Steht sie im Kontakt zum Universum, ist sie in der Lage, Berge zu versetzen. Dann ist sie die Jeanne d'Arc unseres Lebens.«

»Aha. Das entspricht meinem kämpferischen Ich! Das gefällt mir«, sage ich und spüre dabei eine zarte Vertrautheit zwischen mir und den Frauen. Es ist kaum mehr als ein kurzes Aufblitzen, aber immerhin.

»Lässt die Kriegerin sich allerdings durch negative Überzeugungen blenden oder gar von einer anderen Frau aus dem Mosaik manipulieren, kann sie ihre Kraft gegen uns richten und in ihrer Leidenschaft sehr zerstörerisch sein.«

Erschöpft setze ich mich auf die vorderste Bank, das Mosaik im Blick. »Aber wie kann ich dieses Wissen auf mich und mein Leben übertragen? Konkret, meine ich.«

»Dafür gibt es kein Patentrezept. Es braucht seine Zeit. Manchmal dauert es eine Weile, bis man etwas versteht, manchmal geht es rasend schnell. Aber vor allem hilft kein Druck, kein Zweifeln und auch kein Ehrgeiz. Du brauchst Muße«, erwidert Judith. »Du weißt noch längst nicht alles. Jeder Mensch, der auf seinem Weg in dieses Haus geführt wird, muss erst die Bedeutung der Frauen aus dem Mosaik für sich selbst und sein eigenes Leben erkennen. Geh auf Entdeckungsreise. Finde heraus, welchen deiner Eigenschaften sie entsprechen. Wie zeigen sie sich? Wie sprechen sie mit dir? Reden sie miteinander? Welche Gefühle lösen sie in dir aus? Wer von ihnen ist ständig da? Und wen hörst du selten oder nie? Nur auf diese Weise kannst du sie dir Schritt für Schritt zu eigen machen, in dein Leben integrieren und führen. Es ist am Ende eine Art Übersetzung, eine Entschlüsselung des Mosaiks, die nur du allein verstehst. Diese Bilder hier solltest du mit deinen eigenen Bildern ergänzen. Das braucht eine Weile. Und ja, es stimmt, manche Menschen benötigen dafür sogar ein ganzes Leben.«

»Und du sagst, die Einheimischen aus dieser Gegend kennen das Mosaik?«

Judith nickt. »Viele besuchen diesen Ort in Lebenskrisen, um Lösungen für ihre Probleme zu finden.«

»Warum bist du hier?«, will ich wissen.

»Ich komme oft in den frühen Morgenstunden her, um Kraft zu tanken, meine Gedanken zu ordnen und die Magie des Mosaiks zu spüren. Ich erinnere mich dann daran, wie wichtig es ist, in mich hineinzuhorchen und meine Stimmen zu führen, damit sie nicht mich kontrollieren.«

»Ich wünschte, ich wüsste bereits, was du weißt.«

»Dazu musst du wissen, warum du hier bist. Was hat dich hergeführt?«

»Es war Zufall, dass ich auf das Sandsteinhaus gestoßen bin.«

Energisch schüttelt sie den Kopf. »Meine Erfahrung hat mich gelehrt, dass niemand zufällig herkommt.«

»Na ja, eigentlich bin ich auf die Peloponnes gereist, weil ich über mein Leben nachdenken muss. Es gibt ein paar Probleme, die ich lösen möchte.« Ich winke ab. »Egal, ist nicht so wichtig.«

»Was sind das für Probleme?«

Ich zögere.

Sie bemerkt es und lächelt. »Du hast mir schon als Kind öfters deine Sorgen anvertraut. Nur zu.«

»Stimmt, das war früher so«, sage ich lächelnd. »Heute bin ich nicht mehr so offen, vor allem nicht, wenn es um meinen Kummer geht. Vieles mache ich mittlerweile mit mir allein aus.«

»Du musst mir natürlich nichts erzählen, wenn du nicht willst. Aber vielleicht ist jetzt und an diesem besonderen Ort die Gelegenheit gerade günstig«, ermuntert Judith mich.

»Ich weiß nicht. Jetzt haben wir uns so lange nicht gesehen, da möchte ich dich nicht gleich mit meinen Problemen behelligen«, zögere ich und senke den Blick. Dabei entdecke ich kyrillische Buchstaben, die jemand auf die Sitzfläche der Bank eingeritzt hat.

»Schau mal, da hat sich jemand verewigen wollen!«, rufe ich aus. »Kannst du mir sagen, was das heißt?«

Judith holt ihre Brille aus der Jackentasche. »Da steht: ›Der Kopf ist rund, damit das Denken die Richtung wechseln kann.‹« Dann fügt sie hinzu: »Interessant, es ist zufällig auch das Motto der Künstlerin. Du siehst sie im Mosaik als Tänzerin abgebildet. Sie stellt unser kreatives und erfinderisches Ich dar.«

Die Frau im Mosaik trägt ein langes Kleid, das sie mit ihrer Ferse ein wenig lupft, während sie sich um die eigene Achse dreht. Ihre Arme sind anmutig erhoben, den Kopf hat sie weit in den Nacken gelegt, um die Betrachter direkt ansehen zu können. Über ihrem Kopf befinden sich zwei kleine Flügel. Es muss den Erschaffern des Mosaiks großes Können abverlangt haben, diese komplizierte Tanzfigur so leichtfüßig aussehen zu lassen.

»Wow. Was bedeuten die Flügel über ihrem Kopf?«, frage ich.

»Ihrer Fantasie wachsen Flügel. Sie kann jedem Moment unseres Lebens einen besonderen Ausdruck verleihen. Die Künstlerin schafft neue Zusammenhänge, sie gestaltet ihre und unsere Welt und setzt sie auf diese Weise in ein neues Licht. Sie spielt mit Möglichkeiten und ist eine Choreografin des Augenblicks, den sie vielfältig gestalten und so ganz neu entstehen lassen kann. Selbst sehr eingefahrene Alltagsroutinen vermag die Künstlerin zu ändern und mit neuem Leben zu füllen. So kann sie jeden Moment verschönern. Ihre Kunst ist es, aus jeder Situation das Beste und oft auch das Schönste herauszuholen. ›Überrasch dich selbst und lass Veränderungen zu!‹ Das sind ihre Zauberworte.«

»Das klingt toll. Leider bin ich so gar nicht künstlerisch begabt. Aber schön ist die Vorstellung trotzdem, dass meiner Fantasie Flügel wachsen könnten.«

»Ja, nicht wahr? Und glaub mir, die Künstlerin hat recht! Jeder kann sich Flügel wachsen lassen.«

Wie um Judiths Begeisterung effektvoll in Szene zu setzen, ändert sich in diesem Moment der Lichteinfall. Die Sonnenstrahlen, die durch ein rundes, kunstvoll verziertes Fenster mit dem Motiv einer Taube in den Raum fallen, werfen plötzlich einen Lichtkegel auf das Mosaik und überziehen es mit einem unwirklichen Schimmer. Für einen Moment scheint es mir, als könnte sich ein Tor zu einer anderen Dimension öffnen und das Mosaik lebendig werden lassen. Werden die Frauen gleich aus dem Kreis des Lebens heraustreten, um mich zu begrüßen?

Rasch schließe ich die Augen, um die Illusion abzuschütteln und damit auch den leichten Schwindel, der mich bei dem Gedanken daran erfasst. Als ich sie wieder öffne, ist der Spuk vorbei. Erleichtert stelle ich fest, dass mir meine Sinne nur einen Streich gespielt haben.

Das Fenstermotiv erinnert mich an jenes aus dem Petersdom in Rom. Als Symbol des Heiligen Geistes ist dort eine weiße Taube in einem überirdischen Strahlenkranz verewigt. Seit Menschengedenken steht dieser Vogel für Sanftmut und Liebe. Auch die Taube hier im Fenster des Sandsteingebäudes wirkt sanft und liebevoll und strahlt gleichzeitig eine hoheitsvolle Eleganz und Grazie aus.

Es ist nun so still, dass ich die Wellen draußen gegen die Felsen schlagen hören kann. Judith hat sich mittlerweile neben mich gesetzt. Ihre Augen sind geschlossen, die Hände liegen mit den Handflächen nach oben im Schoß. Es sieht so aus, als lächele sie in sich hinein.

Ich werde aus ihr noch immer nicht ganz schlau. Kein Wunder, denn was während der letzten Jahrzehnte in unser beider Leben passiert ist, davon wissen wir nichts. Aber ich spüre deutlich die alte Vertrautheit. Ich fühle mich wohl in ihrer Nähe, von ihr beschützt, beinahe wie von einer Mutter. Sie schafft es, mir den Glauben zu vermitteln, dass alles gut werden wird. Also wem, wenn nicht ihr, sollte ich mein Herz ausschütten?

Judith scheint meine Gedanken lesen zu können, denn mit sanfter Stimme durchbricht sie die Stille. »Dann erzähl doch mal, was dich bedrückt.«

»Weißt du, mein Leben und meine Beziehungen zu eigentlich allen Menschen, die ich kenne – egal ob es nun meine Kinder, mein Mann oder Freunde und Arbeitskollegen sind –, laufen seit geraumer Zeit in die falsche Richtung, und offenbar kann ich nichts daran ändern. Ich bin hart geworden. Schlimmer noch, ich bin mir selbst gegenüber und auch gegenüber all jenen, die ich liebe, so hart geworden, dass ich mich nicht wiedererkenne. Das macht mich unglücklich.«

Ich muss schlucken, denn mir kommen die Tränen. Schnell rede ich weiter, um sie aufzuhalten. »Irgendwie scheine ich plötzlich eine andere Sprache zu sprechen. Niemand versteht mich. Weder mein Mann noch meine Kinder. Und das Schlimme ist, nicht einmal ich selbst kann mich verstehen. Ich jage durch mein Leben. In jeder Sekunde stehe ich so sehr unter Druck, dass ich die Fähigkeit verliere, mit mir selbst und mit anderen liebevoll oder verständnisvoll umzugehen. Aber nicht nur ich bin mir fremd, die anderen kommen mir auch fremd vor. Mir scheint, als könnte ich nicht mehr richtig übersetzen, was sie sagen, und als würde alles geschehen, ohne dass ich es beeinflussen kann. In den stillen Stunden der vollkommenen Erschöpfung versuche ich krampfhaft zu entspannen. Aber auch das gelingt mir nicht. In meinem Kopf hämmert es. Ich fühle mich leer, und manchmal ist da diese eigenartige Traurigkeit in mir, die ich nicht einordnen kann. Da sind einfach zu viele Gedanken, die kreisen.« Ich schaue zu Judith, die weiterhin unbeweglich dasitzt, die Augen geschlossen.

»Sprich gerne weiter«, ermuntert sie mich freundlich.

»Ich denke gerade daran, dass ich oft bis kurz vorm Zubettgehen noch schnell alles Unerledigte vom Tag wegzuschaffen versuche oder für den kommenden Tag vorbereite. Mein Mann Fin hat sich dann meistens schon vor den Fernseher zurückgezogen, um seine Ruhe zu haben, und ich bin oft zu müde, um mich über seine mangelnde Unterstützung zu beklagen. Ich bin dann zwar wütend auf ihn, aber ich schlucke meine Wut hinunter – und explodiere dann irgendwann später, meist, wenn es um etwas ganz anderes geht. Die Wut auf Fin entlädt sich beispielsweise, wenn die Kinder keine Ruhe geben. Das liegt dann nicht an dem konkreten Streitpunkt, sondern einfach daran, dass der Druck insgesamt zu groß geworden ist. Manchmal habe ich das Gefühl, der Tag nimmt einfach kein Ende. Immer wieder will jemand etwas von mir. Aber niemand fragt mich, was ich eigentlich will.«

»Und dann?«, fragt Judith.

»Na, was schon? Dann streiten wir«, antworte ich etwas ungeduldig. »Ein Wort gibt das andere, und die Sache ufert aus. In der Wut sage ich Dinge, die ich nicht so meine. Danach habe ich oft ein schlechtes Gewissen.«

Sie nickt.

»Und?« Ich sehe Judith fragend an. »Was meinst du? Können mir die Archetypen bei solchen Problemen helfen?«

Sie öffnet langsam die Augen und steht auf.

»Lass uns ein bisschen spazieren gehen«, schlägt sie statt einer Antwort schließlich vor. »Im Gehen lässt es sich besser reden.«

Kurz darauf treten wir hinaus in die Sonne. Die kühle Frische des Morgens ist verflogen, und eine wohlige Wärme liegt über dem Land. Eine laue Brise spielt mit unseren Haaren. Vor uns liegt ein pinkes Blütenmeer aus Ziertabak. Intensiv und strahlend leuchten die Blüten im vertrockneten Gras.

Als wir das Feld erreicht haben, pflücke ich eine Tabakblüte, schnuppere daran und drehe sie unschlüssig zwischen Daumen und Zeigefinger. Möchte Judith mir etwas sagen? Oder erwartet sie, dass ich weitersprechen?

»Weißt du eigentlich, was du willst?«, unterbricht sie meine Gedanken.

Die Blüte zwischen meinen Fingern steht still. Ihre Frage trifft mich unvorbereitet, und ich stutze. »Wie meinst du das?«

»Ich möchte wissen, ob du deine Bedürfnisse kennst«, erklärt Judith.

»Ich weiß nicht. Ich glaube, ich habe keine Zeit, darüber nachzudenken. Oder ich nehme sie nicht so wichtig.«

Sie hebt erstaunt die Augenbrauen. »Du hast gerade deine Wut und Traurigkeit erwähnt. Hinter solchen starken Gefühlen stecken oft unbefriedigte Bedürfnisse. Gefühle sind Botschafter. Jedes von ihnen hat eine Nachricht für dich.«

»Ehrlich gesagt, weiß ich häufig gar nicht, was ich fühle«, entgegne ich. »Also nicht im Detail. Ich spüre allerdings stets diesen großen Druck in mir.«

»Aber wie willst du andere verstehen, wenn du nicht versuchst, dich selbst zu verstehen?« Wieder sieht Judith mich freundlich an. »Gefühle, Gedanken, Worte, sie alle prägen unsere Beziehungen und damit auch unser Leben.

Sie können unsichtbare Barrieren gegenüber anderen und uns selbst sein, vor allem, wenn wir sie unreflektiert äußern.«

Ich muss an Fin und mich denken. Wir haben schon so lange nicht mehr ausführlich miteinander gesprochen, dass jetzt das Unausgesprochene, das Ungeklärte zwischen uns steht. Es ist wie eine unüberwindbare Mauer, die uns beide davon abhält, einen entscheidenden Schritt aufeinander zuzugehen. Vielleicht sind die vielen unbedachten Worte, die vielen Vorwürfe und Kränkungen, die im Laufe der Zeit entstanden sind, schuld an unserer Situation. Vielleicht haben wir aber auch zu lange über unsere Träume geschwiegen, so lange, dass wir sie am Ende totgeschwiegen haben. Aber das würde wohl keiner von uns zugeben.

»Gefühlt ist es Jahre her, dass ich mich gefragt habe, was ich mir eigentlich wünsche«, sage ich. »Ganz zu schweigen davon, wann ich meine Wünsche - abgesehen von der Reise nach Griechenland - zum letzten Mal verwirklicht habe. Das muss noch sehr viel länger her sein.«

»Woran liegt das?«

»Nun ja, in meinem Leben hatte immer vieles andere Vorrang. Das galt vor allem für die Bedürfnisse und Wünsche der anderen.«

»Du scheinst in deinem Denken und Handeln ganz schön fremdbestimmt zu sein«, stellt Judith fest.

»Fremdbestimmt und festgefahren«, ergänze ich. »Ich drehe mich im Kreis. Aber ich finde keinen Ausweg.«

»Was machst du eigentlich beruflich?«

»Ich arbeite in einer Klinik.«

»Macht es dir Spaß?«

»Ja. Schon«, antworte ich einsilbig.

»Aber?«, hakt Judith nach.

Offenbar kann ich ihr nichts vormachen. »Tja, ich gebe es zu, auch da gibt es Probleme. Schon lange versuche ich, eine Beförderung zu bekommen, die ich mir nicht nur wünsche, sondern die ich auch verdient habe. Aber ich komme nicht weiter. Sackgasse. Ich bin die ewig Zweite. Wie immer eigentlich.«

Wieder treten mir Tränen in die Augen, aber diesmal sind es Tränen der Wut. Da ist diese dumpfe Wut auf mich selbst, auf das Leben und auf alle anderen.

Judith tätschelt mir tröstend die Hand und gibt mir ein Taschentuch. Dann öffnet sie ihr Bündel, holt ein paar frisch eingelegte Oliven heraus und hält sie mir hin. »Hier, koste mal.«

Sie duften herrlich, also nehme ich eine. Ich liebe den leicht scharfen und bitteren Geschmack. »Die sind wirklich gut.«

»Na bestens«, sagt sie und packt ihr Bündel wieder zusammen. »Dann komm doch mit! Bei mir zu Hause gibt es dazu frischen Salat aus meinem Garten. Ach, und ich habe heute in aller Früh ein Brot gebacken und einen Kuchenteig gemacht – als hätte ich geahnt, dass wir uns hier begegnen. Dazu ein Gläschen Rotwein, und die Welt sieht gleich ganz anders aus.«

Sie marschiert los, hält aber nach wenigen Schritten inne, weil ich ihr nicht folge. »Was ist? Komm schon! Es ist nicht weit. Mein Haus liegt gleich hinter dem nächsten Hügel.«

»Bist du sicher?«, zögere ich. »Du hast doch bestimmt eine Menge zu erledigen.«

Sie lacht. »Vielleicht solltest du jetzt einmal auf die Närrin in dir hören und einfach annehmen, was dir an Freude und Genuss geboten wird. Außerdem willst du vielleicht deine alten Freunde begrüßen.«

»Meine alten Freunde? Wer soll das sein?«

»Die Olivenbäume«, antwortet Judith. »Als Kind hast du immer behauptet, sie seien deine Freunde.«

DER GARTEN MEINER KINDHEIT

Nach einem kurzen Spaziergang erreichen wir Judiths Olivenhain. Die jahrhundertealten Olivenbäume erinnern mich tatsächlich an Menschen. An alte und weise Menschen, die mit den Jahren immer runzeliger werden und immer gebeugter stehen. Der älteste von ihnen hat einen in sich verschlungenen, meterbreiten Stamm, der an eine spektakuläre Felsformation erinnert. Das Wissen und die Erfahrungen der Jahrhunderte haben ihn zu dem gemacht, was er heute ist. In seiner Erhabenheit erinnert er mich an die Weltenesche, jenen Baum, der in der nordischen Mythologie im Zentrum des Universums steht und den Himmel und die anderen Welten miteinander verbindet.

Mir wird schwindelig bei dem Gedanken daran, was dieser ehrwürdige Olivenbaum alles erlebt haben muss. Sein Stamm ist so ungewöhnlich dick und knorrig. Der Anblick beflügelt meine Fantasie.

Was hat er wohl gesehen, das ihn hat so wachsen lassen? Er scheint älter zu sein, als meine Sinne es überhaupt erfassen können. Und jetzt erinnere ich mich auch: Schon als Kind spürte ich die Kraft des Lebens genau dann, wenn

ich mit den alten Olivenbäumen Zwiesprache hielt und darauf hoffte, eines Tages ihr Geheimnis zu erfahren. Wie nimmt man wohl die Welt und das Leben wahr, wenn man so lange lebt? Bis zum heutigen Tag hat der Olivenbaum das Wissen darum für sich behalten.

Als ich so gedankenversunken inmitten des Olivenhains stehe, taucht plötzlich ein Mädchen von vielleicht dreizehn Jahren zwischen den Bäumen auf. Unbefangen wie ein junges Fohlen springt es umher. Es ist wild und ungestüm. Ich spüre den Impuls, dem Kind hinterherzulaufen. Doch im nächsten Moment ist es schon wieder verschwunden. Es löst sich genauso schnell in nichts auf, wie es aus dem Nichts erschienen ist.

Was war das? Ich erschrecke, weil mir plötzlich klar wird, dass ich selbst früher dieses Mädchen war. Plötzlich dringen alle Erinnerungen an die vergangene Zeit tief aus meinem Unterbewusstsein an die Oberfläche. Warum bin ich ausgerechnet wieder im wunderbaren Olivenhain aus meiner Kindheit gelandet? Ist es am Ende gar kein Zufall? Verwirrt schaue ich mich um. Ja, es war tatsächlich genau hier. Dieses kleine Wäldchen war in den Ferien der Zufluchtsort meiner Kinder- und Jugendzeit. Hier durfte ich sein, wie ich war. Ungestüm, wild und lauter als die meisten Mädchen. Hier gab es keine Einschränkungen für mich, keine Regeln oder Bedingungen.

Vor drei Jahrzehnten bin ich zum letzten Mal hier gewesen. Ich atme tief durch und gehe langsam auf Judiths Haus zu, das auf dem Hügel oberhalb des Olivenhains liegt.

Tante Ju nahm mich stets so, wie ich war. Sie vermittelte mir in den kurzen Ferienzeiten, die ich hier verbrachte, was meine Eltern während meiner ganzen Kindheit nicht schafften, nämlich dass ich richtig war, so wie ich war. Richtig so, wie ich empfand, dachte und mich benahm. Dadurch fühlte ich mich sicher.

Ich verbrachte fast die gesamten Ferien im alten Haus der griechischen Bäuerin. Ihr Sohn war damals bereits erwachsen und ausgezogen. Judiths Mann Costas war verstorben, lange bevor ich sie kennenlernte. Auf ihrem Hof gab es viel Platz und für mich viel zu lernen und zu entdecken.

Meine Eltern sahen mich in diesen Ferien eher selten. Sie wussten, dass ich gut aufgehoben war, und ließen mich gewähren. Ich glaube, sie waren insgeheim sogar froh darüber, sich nicht um ihre anstrengende Tochter kümmern zu müssen.

Tante Ju brachte mir bei, wie man Gemüse anbaut, Brot bäckt, Oliven erntet und sie zu Olivenöl verarbeitet. Hier spielte ich mit den Dorfkindern Verstecken, zog mich zum Lesen in den Schatten eines Olivenbaumes zurück, träumte von dem Leben, das ich einmal führen wollte, und bekam als Teenie meinen ersten Kuss.

Schlagartig sind sie nun wieder da, die Erinnerungen. So klar und greifbar wie die Olivenbäume um mich herum. Ich spüre, dass dieser Ort mir auch heute noch etwas von dem Glück vermitteln kann, das er mir als Kind geschenkt hat.

Ich erreiche den Gemüsegarten, der nach wie vor direkt neben dem alten Haus von Judith liegt. »Judith?«

»Was ist los? Warum schreist du so?« Judith hat eine Flasche Wein geholt, mit der sie nun in den Garten kommt.

In mir ist plötzlich der Bann gebrochen. Überwältigt von meinen Gefühlen breche ich in Tränen aus und schließe sie fest in meine Arme.

»Es tut mir wirklich so unfassbar leid, dass ich dich im Sandsteinhaus nicht sogleich erkannt habe«, sage ich und lasse meinen Gefühlen freien Lauf.

»Das macht gar nichts, Lisa«, sagt sie und tätschelt mir tröstend den Rücken. »Es ist viel Zeit vergangen seit deinen Kindertagen, und auch ich habe mich sehr verändert.« Sie lacht glücklich und deutet auf meine rechte Wange. »Dein Muttermal hat dich verraten … Aber es ist schön, dass du dich wieder an früher erinnerst. Kennst du noch deinen alten Lieblingsbaum?«

Ich nicke und wische mir das Gesicht an meinem Blusenärmel trocken. »Ich erinnere mich an alles!«, bestätige ich erleichtert. Dann zeige ich auf die mächtige Krone eines Baumes, der sich wie ein riesengroßer Sonnenschirm über den Garten spannt. Ich muss lächeln. Unter dem Baum steht auch heute ein gedeckter Tisch voller Köstlichkeiten. Mein Lieblingsbaum war zwar nie der ehrwürdigste im Hain, aber dafür gab er mir mit seinem schattigen Plätzchen immer die Möglichkeit zu entspannen, und uns allen bot er nach anstrengenden Erntetagen einen beliebten Ort zum Feiern. Judith war immer eine großzügige Gastgeberin, die viele Menschen um sich herum scharte. Nach getaner Arbeit servierte sie uns Kindern und den zahlreichen Erntehelfern immer ein feudales Essen. Und zum Ende der Erntezeit huldigten wir der Göttin Demeter für ihre Gaben, wie es im antiken Griechenland üblich war. Dann wurde ausgiebig gesungen und getanzt. Es war herrlich.

Auch heute sind wieder überall unter den Bäumen Netze ausgebreitet. Erntezeit.

»Wie geht es Nicos?«, frage ich. Ihr Sohn arbeitete damals zwar bereits in der Stadt, half Judith aber trotzdem jedes Jahr bei der Ernte. Von ihm lernte ich, wie wichtig es war, den genauen Reifepunkt der Oliven zu bestimmen, denn der war entscheidend für die Qualität der empfindlichen Früchte.

»Es geht ihm gut. Im Gegensatz zu mir liebt er die Stadt, aber er besucht mich oft. Ich bin stolz auf ihn, weil er seinen eigenen Weg geht«, antwortet Judith. »Er hilft mir übrigens immer noch bei der Ernte.«

»Wie ich sehe, werden die Oliven so wie damals noch von Hand gepflückt«, stelle ich beeindruckt fest.

Judith nickt. »Nicos kommt gleich mit seinen Männern aus der Pause zurück, und dann geht es weiter. Du weißt ja, wenn man diese Früchte zu Olivenöl verarbeiten will, dann muss es schnell gehen.«

»Oh ja, Nicos wurde nie müde, das zu betonen«, antworte ich lachend.

Ich fühle mich plötzlich, als hätte man die Zeit zurückgedreht. Wir spazieren durch den Hain, und ich kann mich gar nicht sattsehen am Paradies meiner Kindheit. Auch die alten Zitronen-, Orangen- und Aprikosenbäume gibt es noch, ebenso den üppigen Gemüsegarten mit Tomaten, Salat und Zucchini. Ein paar gackernde Hühner, die sich hier frei bewegen dürfen, machen das Idyll komplett.

»Ich brauche mehr Hilfe als früher«, erklärt Judith, »aber das ist der Lauf der Dinge. Besonders das Beschneiden der Bäume und die Verwertung der Früchte ist mir zu anstrengend geworden.«

Sie lächelt und wirkt kein bisschen wehmütig, sondern scheint im Gegenteil zufrieden damit zu sein, wie sich alles bis hierhin für sie gefügt hat. »Ich suche mir mittlerweile aus, welche Arbeit ich noch selbst erledigen kann – und will. Den Rest lasse ich die Jungs machen. Sie sind kräftig, voller Tatendrang und können das Geld gut gebrauchen.«

»Dein Garten ist so schön wie früher«, sage ich.

»Um den kann ich mich auch selbst kümmern«, erwidert sie. »Aber die Herstellung von Olivenöl ist für mich zu aufwendig geworden. Ich verkaufe die Ernte an Großhändler und stelle lediglich eine überschaubare Anzahl wertvoller Flaschen selbst her.« Sie zeigt auf die alte Ölpresse, die ich ebenfalls kenne. Ein Bild aus längst vergangenen Tagen.

»Sie funktioniert nach wie vor gut«, sagt Judith. »Ab und zu verkaufe ich das Öl, das ich durch sie gewinne, noch auf dem Markt. Läuft gut. Besonders die Touristen lieben es.«

»Bedauerst du es, dass du den überwiegenden Teil deiner Ernte an Großhändler abgeben musst?«

»Die Zeiten ändern sich. Ich höre da ganz auf meine

Schöpferin«, antwortet Judith und zwinkert mir zu. »Ich nehme an, was ist. Das ist klüger, als mich dagegen zu wehren.«

NIMM AN, WAS IST

Judith pflückt eine besonders reife schwarze Olive und klopft dankbar gegen den Stamm des Baumes. »Der alte Kerl hier trägt immer noch die besten Früchte. Und jedes Jahr aufs Neue vertraue ich dem Leben, dass mir mein kleiner Olivenhain und mein Gemüsebeet wieder eine reiche Ernte schenken. Alles andere wäre sinnlos. Aber jetzt komm, setz dich.« Nach unserem kleinen Rundgang sind wir wieder am Haus angelangt, wo der gedeckte Tisch auf uns wartet. Judith schenkt mir ein Glas Retsina ein und prostet mir zu. »Auf unser Wiedersehen! Schön, dass du den Weg hierher zurückgefunden hast, auch wenn du dich nicht gleich an mich erinnern konntest.«

Wir trinken, und ich schmecke die leicht bittere und harzige Note des Weines, der in Griechenland gern zum Essen serviert wird, um den Appetit anzuregen.

»Hast du keine Angst, dass dein Garten dich eines Tages nicht mehr versorgen kann? Die Bäume sind alt, und der Klimawandel verändert alles und macht die Erträge unberechenbar. Außerdem sagst du selbst, du seist nicht mehr die Jüngste.«

»Das ist ein berechtigter Gedanke«, erwidert sie. »Aber es ist eben nur ein Gedanke, eine sinnlose Sorge unter all den vielen möglichen Sorgen, denen man sich zuwenden kann.« Sie winkt ab. »Nein, ich habe keine Angst. Noch besteht ja keine akute Gefahr. Es bringt mir nichts, vor etwas Angst zu haben, das in der Zukunft liegt. Es würde mich nur belasten, meine Gedanken mit weiteren angstvollen Vorstellungen nähren, und das würde mich wiederum unnötig schwächen. Ich weiß, meiner Schwarzseherin würde es entsprechen, mich so ängstlich zu sehen, aber den Gefallen tue ich ihr nicht. Ich bedanke mich stattdessen bei ihr für ihre Warnungen. Aber lieber bleibe ich wachsam, anstatt ohnmächtig vor Angst zu sein. Und scheinbar reicht ihr das für eine Weile, denn sie beruhigt sich eine Zeit lang.« Judith nimmt einen Schluck aus ihrem Weinglas.

»Gehst du deswegen immer in das Haus des Lebens, weil du dort Klarheit findest?«, frage ich.

»Ja, auch. Ich spüre dort die Kraft jeder einzelnen Stimme und lasse mich von den Frauen beraten. Und jene, die ich in meiner aktuellen Situation am besten gebrauchen kann, die mir am meisten dienen, auf die höre ich und denen folge ich.« Judith bricht ein Stück Brot ab, entfernt die harte Kruste und tunkt die weiche Krume ins Öl. »Wie soll ich leben, wenn ich nicht darauf vertraue, dass es weitergeht? Erst wenn es nicht mehr weitergeht, muss ich mich damit auseinandersetzen.« Sie streut ein wenig grobes Salz auf das in Olivenöl getunkte Brot und schiebt es sich genüsslich in den Mund.

»Weißt du, was genau deine Schwarzseherin von dir will?«, frage ich.

»Das, was jede Schwarzseherin will«, antwortet Judith. »Eigentlich will sie gesehen und gehört werden. Aber oft bleibt sie unbeachtet, wird verdrängt oder ignoriert. Dann nervt sie uns, bis wir endlich auf sie eingehen und reagieren. Sie nährt unsere Ängste so lange, bis sie eine apokalyptische Kraft entwickeln, verdunkelt unseren Blick auf uns und andere und sorgt für Gefühle von Angst und Schrecken. In allem sieht sie unseren Untergang und malt unsere Zukunft in den düstersten Farben.«

»Hast du sie schon immer beachtet?«

Judith schüttelt den Kopf. »Nein, auch ich wollte sie eine lange Zeit nicht hören. Vor einigen Jahren hätte sie es fast geschafft, mich auf ihre Seite zu ziehen. Aber ich lernte, mit ihr umzugehen und mich ihr mutig zu stellen, sie anzuschauen.«

»Was ist damals passiert?«, hake ich nach.

»Die Flammen eines gewaltigen Feuers standen direkt hier hinter dem Hügel und bedrohten mein Haus. Natürlich war ich verzweifelt, und natürlich hatte ich Angst. Und die Schwarzseherin in mir schürte diese Gefühle. Aber ich sträubte mich dagegen. Ich wollte bleiben, denn ich wusste nicht, wohin. Und ich war entschlossen, all die Dinge, die mein Leben ausmachten, nicht kampflos aufzugeben. Also richtete ich meine Aufmerksamkeit darauf, mir einen Plan zu überlegen. Ich fragte mich, wie wir es schaffen könnten, mein Haus vor den Flammen zu schützen. Ich vertraute auf meine Kraft, die ich in jenem Moment als unbändig empfand – und natürlich auf alle Helfer, die da waren, um mit mir zusammen die Gefahr zu bannen. Aber dann kam der Punkt, an dem ich nichts mehr tun konnte – einfach gar nichts mehr. Das war der Moment, in dem meine Schöpferin mir sagte, dass ich loslassen müsse, loslassen im Vertrauen darauf, dass alles gut ausgehen würde.«

»Und du hast auf deine Schöpferin gehört?«

»Ich hatte keine andere Wahl. Sie holten mich ab, evakuierten mich, und ich musste mein Haus dem Schicksal überlassen. Aber tief in meinem Inneren wusste ich, dass das Leben etwas anderes mit mir vorhatte, als mir alles zu nehmen, was ich besaß. Ich sollte etwas lernen.«

»Und was?«, frage ich gespannt.

»Ich sollte lernen, dass im Loslassen und Vertrauen unglaubliche Kräfte stecken. Nicht die Probleme und Gefahren selbst sind es, die uns im Leben beunruhigen, sondern nur unsere Sicht auf die Dinge! Vor allem, wenn wir kein Vertrauen haben oder wenn wir krampfhaft kontrollieren und festhalten wollen, was wir besitzen. Das Leben nimmt sich, was es will, ohne das vorher anzukündigen.«

Ihre Geschichte beeindruckt und berührt mich. Judith hat in ihrem Leben schon so viel durchgemacht, geliebte Menschen kommen und gehen sehen und sitzt dennoch mit ungebrochener Lebenskraft und einem Sack voller Weisheiten vor mir. Wie stark und geerdet sie doch im Vergleich zu mir ist. »Offensichtlich hattest du Glück – und die richtige Intuition.«

Sie nickt. »Mein Haus und mein Hain blieben verschont, obwohl ringsherum alles verbrannte. Das Feuer stoppte unmittelbar vor meinem Gartentor.«

»Das grenzt an ein Wunder«, staune ich ergriffen.

»Du sagst es: Ich sollte dieses Wunder zulassen! Da war dann wohl meine Magierin an meiner Seite«, stellt sie zufrieden fest.

»Du lebst tatsächlich mit deinen Archetypen.«

»Ja, ohne sie wäre ich ein anderer Mensch. Vor allem aber war ich ihnen nach dem Brand zutiefst dankbar. Das Ereignis hat mich Demut gelehrt. Seitdem weiß ich, dass uns nicht das Festhalten wachsen lässt. Es ist das Zulassen von Veränderung und das Loslassen von Vertrautem, was uns ermöglicht, das Unbekannte zu umarmen.«

»Ich glaube, ich kann mich gar nicht mehr daran erinnern, wie es sich anfühlt loszulassen«, gebe ich kleinlaut zu.

»Loslassen heißt vertrauen. Vertrauen darauf, dass alles gut wird. Ich bin sicher, dass es mindestens eine Situation in deinem Leben gibt, in der du schon vertraut hast. Sonst wüsstest du ja gar nicht, wovon ich rede.«

»Ja. Schon möglich«, erwidere ich ausweichend.

»Praktisch jeder Mensch hatte bereits ein solch einschneidendes Erlebnis. Gewiss auch du, Lisa.«

»Stimmt. Vor meiner Ehe mit Fin habe ich viele schlechte Erfahrungen mit Männern gemacht. Ich bin oft enttäuscht worden. Für keinen der Männer, mit denen ich damals in einer Beziehung war, schien ich die passende Partnerin zu sein. Ich hatte das Gefühl, von niemandem richtig gesehen zu werden. Ich fühlte mich nicht angenommen, nicht gewollt. Ich tat viel, um mich anzupassen, aber am Ende wurde ich dann doch verlassen.

Aber trotz der großen Ablehnung, auf die ich immer wieder stieß, und der damit verbundenen tiefen Traurigkeit darüber, verlassen zu werden, fühlte ich ein tiefes Vertrauen in mir, sogar beinah die Gewissheit, dass ich, trotz allem, was mir bis dahin passiert war, eines Tages noch meine große Liebe finden und eine Familie gründen würde. Kurz danach bin ich Fin begegnet, und das Leben hat mir zwei Kinder geschenkt.« Ich spüre, dass allein die Erinnerung daran mein Herz höherschlagen lässt. »Wenn ich dir das so erzähle, dann klingt es für mich immer noch unglaublich«, füge ich hinzu.

»Du hast dich also der Gewissheit und nicht etwa der Verlustangst zugewandt. Was denkst du, welche der Frauen da zu dir gesprochen hat?«, will Judith wissen.

Ich zucke mit den Schultern. »Keine Ahnung. Rückblickend erscheint mir die Situation tatsächlich wie ein Wunder. Ich war bereits Ende dreißig, also nicht mehr die Jüngste, und hatte, was meinen Wunsch nach einer Familie betraf, nicht mehr allzu viel Zeit. Damals fühlte ich mich vom Leben so reich beschenkt, dass ich lange Zeit glaubte, mich könnte nichts mehr aus der Bahn werfen. Ich hatte das Schicksal bezwungen und am großen Rad gedreht.«

»Vielleicht hast du damals das Wunder zugelassen und es dadurch erst möglich gemacht.«

»Ja, vielleicht. Vielleicht hat mir die Magierin zugeflüstert, dass ich mir keine Sorgen machen muss.«

»Ja, und womöglich hast du sie damals auch gehört. Und die Schöpferin hat dir den Rat gegeben anzunehmen, was ist, ohne es zu bewerten, und zu dir zu stehen. Sie bildet zusammen mit der Magierin und der Künstlerin ein unschlagbares Team, das in deinem Leben Großartiges bewirken kann.«

»Aber wo sind diese drei jetzt? Warum schweigen sie seit so vielen Jahren?« Ich merke, wie sehr ich es bedauere, dass Wunder in meinem prosaischen Leben schon lange keinen Platz mehr haben.

»Langsam, Lisa. Du musst geduldig sein. Du kannst sie nicht alle auf einmal hören. Es geht um Achtsamkeit. Um das bewusste Hinhören, das In-sich-Hineinhorchen. Du musst sie alle erst kennenlernen und ein Gefühl für jede von ihnen und alle zusammen entwickeln. Immerhin weißt du jetzt bereits, wie es sich anfühlt zu vertrauen. Hättest du dich damals nicht dem Vertrauen, sondern der Angst und dem Schmerz zugewandt, dann wäre vielleicht alles anders gekommen. Denn wo deine Aufmerksamkeit ist, da geht auch deine Energie hin. Das ist ein einfaches Gesetz. Lenken wir unsere Aufmerksamkeit auf die Angst, dann leben wir in der Angst und mit der Energie, dass uns jeden Tag etwas Schlimmes passieren könnte. Das nimmt uns aber nicht nur die Kraft, es verdunkelt auch unser Leben.«

»Aber wie kann ich eine solche Angst bannen?«, frage ich. »Ängste sind schließlich nicht völlig unbegründet. Es gibt reale Gefahren, das kann doch kein Mensch leugnen.«

»Klar, aber die Frage ist doch, ob die Ängste dir helfen oder ob sie dich lähmen«, erwidert Judith. »Wie soll ich meinen Garten versorgen und die Olivenernte einholen, wenn ich jeden Tag die Zukunft fürchte? Die Schwarzseherin ist dominant und verführerisch. Sie weiß, dass der Mensch sich in jedem Augenblick seines Lebens für das Leid entscheiden kann. Der Mensch leidet, wenn er gesund wird, aus Angst davor, erneut krank zu werden. Er leidet, wenn er krank ist, weil er nicht gesund ist. Er leidet, wenn er Arbeit hat, weil er zu viel arbeitet. Und er leidet, wenn er keine Arbeit hat, weil er nicht arbeiten kann und vielleicht existenzielle Sorgen hat. Und diese Aufzählung könnte ich endlos fortführen. Es gibt immer gute Gründe zu leiden. Aber wenn wir diese Art des Denkens in unser Leben lassen, dann verpassen wir die Gegenwart. Die Schöpferin rät dir: ›Sei achtsam und nimm an, was ist!‹«

Judith zeigt auf die üppigen Speisen, die vor uns auf dem Tisch stehen. »Mein Garten schenkt mir die allerbesten Oliven und das frischeste Gemüse. Ich pflege ihn hingebungsvoll, mit viel Liebe und schenke ihm mein ganzes Vertrauen. Und er gibt mir viel zurück. Ich lebe im Jetzt, Lisa. Konzentriere mich meistens nur auf den nächsten oder übernächsten Schritt. Ich sorge vor, so gut ich kann, begegne dem Tag verantwortungsvoll und mit Hingabe aus dem Augenblick heraus, sodass mir mein Garten auch morgen noch die Ernte schenkt, die ich brauche, um zu überleben. All das nicht wertzuschätzen, wäre undankbar.«

Sie steht auf. »Und jetzt muss ich kurz in die Küche, weil ich einen Kuchen im Backofen habe. Zufälligerweise habe ich den Teig ja bereits vorbereitet. Er muss danach stets drei Stunden ruhen. Du isst doch immer noch gerne Kuchen, oder?«

»Schon. Ich muss nur ein bisschen auf meine Figur achten«, sage ich.

Sie lacht. »Wie die Zeiten sich ändern. Als Kind war deine einzige Sorge, dass du vielleicht nicht genug von meinem Kuchen bekommst.« Sie verschwindet im Haus und lässt mich nachdenklich zurück.

Warum kann ich mein Leben nicht annehmen und schätzen, wie es ist, und dankbar dafür sein, so wie Judith es mir vorlebt? Jeder meiner Tage ist voll innerer Zweifel und Widerstände. Irgendetwas wehrt sich in mir dagegen, dass ich Dankbarkeit empfinden soll. Ich spüre sogar eine gewisse Empörung bei dem Gedanken daran. Wie kann ich dankbar sein, obwohl ich eigentlich momentan das Gefühl habe, in meinem Leben viel zu kurz zu kommen? Ist das zu anmaßend? Verlange ich zu viel? Es erscheint mir ein Ding der Unmöglichkeit, im Hier und Jetzt zu leben. Ich hetze jeden Tag von Termin zu Termin, von einer Aufgabe zur nächsten. Ich bin damit beschäftigt, das Familienleben zu koordinieren und zu organisieren, plane schon frühmorgens den Tagesablauf für mich und die Kinder und versuche, alles unter einen Hut zu bekommen. Oft bereitet mir der Blick auf das Große und Ganze Panik, wenn ich mich frage, wie ich das alles bloß schaffen soll. Gefühlt bin ich allein dafür verantwortlich, dass unser

Alltag reibungslos läuft. Für mich bleibt keine Zeit. Ich bin die Gefangene meines alltäglichen Einerleis, die alles möglichst schnell abzuarbeiten versucht. Aber meistens klappt es nicht so, wie ich es mir vorstelle.

Judith kommt mit einem großen Teller zurück. »Ravani! Grießkuchen, genau wie du ihn früher mochtest. Schau, er ist noch ganz warm. Und in Sirup getränkt schmeckte er dir doch immer besonders gut!«, ruft sie freudig. Ihre Wangen glühen rosig. Sie strahlt Gesundheit und Vitalität aus.

»Hast du eigentlich Besuch erwartet?«, frage ich. »Oder warum war der Tisch schon bei unserer Ankunft gedeckt?«

»Ach, es ist immer jemand da, der eine Mahlzeit braucht«, antwortet sie locker und fügt hinzu: »Übrigens habe ich immer geahnt, dass du mich eines Tages besuchen wirst. Schließlich wollte ich unbedingt wissen, was aus dir geworden ist.« Der Gedanke, dass sie auf mich gewartet hat, rührt mich.

»Deine Magierin hat dir das vielleicht zugeflüstert?«, scherze ich.

Sie klopft sachte gegen ihr Brustbein. »Da vertraue ich ganz und gar auf mein weises altes Herz. Es ist klüger als ich, denn es hat schon geschlagen, bevor ich überhaupt denken konnte. Wenn es mir also etwas sagt, dann wird es wohl stimmen.«

Sie füllt meinen Teller mit Kuchen. »Guten Appetit.«

»Danke«, sage ich, nehme den Teller in Empfang, spüre aber im selben Moment einen gewissen Unmut in mir aufsteigen. Jenen Unmut, der mich in letzter Zeit häufiger überfällt und gegen den ich einfach nichts tun kann. Wehrlos bin ich ihm ausgeliefert.

Judith bemerkt es. »Was ist los, Lisa? Ist etwas nicht in Ordnung?«

Ich lege das Besteck beiseite und gebe mir einen Ruck. »Du hast eben davon gesprochen, dass ich dankbar sein sollte. Aber es gelingt mir nicht. Ich empfinde keine Dankbarkeit. Es gibt so viele offene Baustellen in meinem Leben. Dinge, die nicht so laufen, wie ich es mir vorstelle. Ich bin nur damit beschäftigt, dass nicht alles über mir zusammenbricht. Und ich kann nicht mehr. Wie soll ich obendrein noch dankbar sein?«

»Eben hast du noch ganz anders geklungen«, entgegnet Judith.

»Ja, ich weiß, ich habe zwei gesunde Kinder, und dafür bin ich auch dankbar. Wir haben ein Dach über dem Kopf, und auch dafür bin ich dankbar.«

»Das ist doch schon viel!«

»Aber ich will mehr!«, platzt es aus mir heraus. »Ist das egoistisch? Ist es falsch, mehr zu verlangen?«

»Was wäre denn dieses … Mehr?«

»Ich weiß es nicht. Ich kann es nicht benennen.«

»Du bekommst das Mehr erst, wenn du das, was dein Leben ausmacht, anerkennst, annimmst und dann darauf aufbaust. Sei es das Schlechte, um daraus zu lernen, oder das Gute und Schöne, weil es dich zufrieden und glücklich macht. Aber solange dein Blick nur darauf gerichtet ist, was dir zu deinem Glück fehlt, kannst du nicht sehen, was schon alles da ist, weil es unter einem Haufen von alten Gedanken und Gefühlen versteckt liegt.«

»Was also soll ich deiner Meinung nach tun?«, frage ich.

»Wie wäre es, wenn du jetzt damit beginnst anzunehmen, was ist?«, schlägt Judith vor.

Ich deute auf das Weinglas neben meinem Teller. »Soll ich also deiner Meinung nach zuerst einmal essen und trinken und es mir gutgehen lassen und nicht an gestern oder morgen denken?«

»Das wäre doch ein Anfang«, antwortet sie lächelnd. »Ich finde jedenfalls, du solltest dich fragen, was dir momentan guttun könnte. Wie fühlst du dich? Was brauchst du jetzt am meisten?«

»Nun, wenn ich ehrlich bin, dann fühle ich mich ganz schön müde und erschöpft.«

»Dann nur zu.« Judith sieht mich aufmunternd an. »Hör auf deine Schöpferin und ruhe dich ein wenig aus. Setze dich unter deinen alten Baum und genieße das Hier und Jetzt. Deine Müdigkeit ist ein Zeichen dafür, dass du deine Schöpferin vernachlässigt hast und ständig über deine Grenzen gehst, obwohl sie dich schon lange ruft und dich auffordert, auf dich zu achten.«

»Wirklich?«, frage ich.

Judith nickt. »Komm, lass uns in den Olivenhain gehen, und wir suchen uns ein nettes Plätzchen aus.«

Ich stehe auf, und sie hakt sich bei mir unter, um mich durch ihren prächtigen Garten zu führen.

Wenig später sitze ich unter einem der alten Bäume, lehne mich gegen seinen dicken Stamm und schließe die

Augen. Hier bin ich geborgen, und hier bin ich frei. »Es muss schon nach Mittag sein«, denke ich und höre in der Ferne das Krähen eines Hahns. Ich atme tief durch und falle kurz danach in einen tiefen Schlaf voll wundersamer Träume.

DER RUF DER SCHÖPFERIN

Das Gebäude, das sich vor uns in den sternenklaren Nachthimmel erhebt, scheint ganz aus weißem Marmor zu bestehen. Im Licht der Gestirne schimmert das Bauwerk, als wäre es nicht von dieser Welt.

»Ist das ein Tempel?«, frage ich fasziniert. Wir stehen vor dem imposanten Eingangsbereich, den ein Halbrund aus zwölf Säulen ziert.

»Nicht ganz«, antwortet Judith, die auch jetzt wieder ihr Bündel und den Sonnenhut dabeihat. »Das ist ein Museum.« Sie deutet auf das Messingschild neben dem Eingang, auf dem in mehreren Sprachen zu lesen ist: Griechisches Museum für Kunst und Geschichte.

»Was wollen wir denn um diese Zeit in einem Museum?«, frage ich erstaunt.

»Lass dich überraschen«, antwortet sie und drückt die mit griechischen Schriftzeichen schön bemalte Holztür auf.

»Was steht da?«, will ich wissen.

»Ich glaube, es ist ein Zitat«, erwidert Judith. »Es heißt sinngemäß: ›Die Wachenden haben eine gemeinsame Welt, aber im Traum wendet sich jeder seiner eigenen zu.‹«

»Das ist schön«, antworte ich beeindruckt.

»Bin gespannt, wie dir dann das hier gefällt«, sagt Judith, und wir betreten gemeinsam das majestätische Foyer. Während unsere Schritte von den Wänden widerhallen, kommt es mir vor, als würde ich in eine andere Welt eintauchen. Ehrfürchtig, ja beinahe demütig, schaue ich mich um. Der Raum hat die Aura einer Kathedrale.

»Was für ein Anblick«, flüstere ich überwältigt.

»Kein Grund zu flüstern«, sagt Judith lächelnd. »Freut mich, dass es dir gefällt.«

»Ja, es ist einfach großartig«, bestätige ich begeistert. »Genau das liebe ich an guten Museen, dass sie Vergangenes, Vergessenes und oft auch Unglaubliches zum Leben erwecken können.«

»Und weißt du auch, warum das so ist?«, fragt Judith und liefert die Antwort gleich mit: »Weil Museen sowohl der Fantasie als auch der Wahrheit verpflichtet sind. An Orten wie diesen können wir etwas über uns selbst erfahren, wenn wir offen dafür sind.«

Sie zeigt auf die griechischen Neonbuchstaben, die an der Stirnseite der Halle prangen und pinkfarben blinken.

»Ein Zitat von Sokrates«, erklärt sie. »Da steht: ›Mensch, erkenne dich selbst, dann weißt du alles.‹«

Erst jetzt fällt mir auf, dass die blinkenden Buchstaben weit und breit die einzige Lichtquelle sind.

»Ist das Museum eigentlich geschlossen?«, frage ich.

»Selbstverständlich ist es geschlossen. Es ist schließlich mitten in der Nacht«, antwortet Judith lachend, als wäre es die normalste Sache der Welt, sich nachts in einem

Museum aufzuhalten. »Aber wir können es uns ja ein bisschen gemütlich machen.« Sie klatscht in die Hände, und augenblicklich hört das Flackern auf, und das pinke Neonlicht verwandelt sich in ein warmes, sonniges Gelb.

»So, und nun sieh dir das an«, fordert sie mich mit Stolz in der Stimme auf und zeigt auf den Boden, wo das Mosaik aus dem Sandsteinhaus zu sehen ist. Die vollständig rekonstruierte und überdimensional große Museumsausgabe des Mosaiks ist nicht nur farbenfroher als das Original, sie erstreckt sich auch über beinahe die gesamte Fläche der riesigen Eingangshalle. Hier wirken die Bilder noch viel intensiver und eindringlicher.

Andächtig umrunde ich den Kreis der Figuren und vergegenwärtige mir dabei erneut die Bedeutung der Zeichen. Bis auf das Klackern meiner Absätze ist kein Laut zu hören.

»Es ist atemberaubend schön«, staune ich.

Jedes Detail des Mosaiks ist hier so gut sichtbar, dass es mir leichtfällt, mich an Judiths Geschichten über die zwölf Frauen zu erinnern. Ich spüre, dass die Bilder mich in ihren Bann ziehen, dass ich mich auf unerklärliche Weise mit ihnen verbinde – und sie sich mit mir.

»Wieso sind es eigentlich ausgerechnet zwölf Frauen?«, will ich wissen.

»Die Zwölf ist die Zahl der Vollkommenheit«, antwortet Judith. »Es gibt zwölf olympische Götter, zwölf Titanen, zwölf Monate, zwölf Apostel. Und Jerusalem soll zwölf Tore gehabt haben, die von zwölf Engeln bewacht wurden.«

»Und wieso zwölf Frauen und nicht zwölf Männer? Gilt das Mosaik für beide Geschlechter?«

Judith nickt. »Am Anfang war die Mutter. Die Frau ist der Ursprung unseres Seins.«

Sie nimmt mich bei der Hand und zieht mich ins Zentrum des Mosaiks. So wie im Sandsteinhaus ist der Platz in der Mitte unbesetzt, obwohl die terracottafarbene Umrandung vermuten lässt, dass auch hier ein Bild fehlt.

»Bleib du einfach in der Mitte stehen«, weist Judith mich an. Sie selbst schreitet den Kreis ab und stellt sich auf die Position der Schöpferin.

»Ist das ein Spiel?«, frage ich.

Sie schüttelt den Kopf. »Ganz im Gegenteil. Das hier ist eine sehr ernste Angelegenheit.«

»Was hat es denn zu bedeuten, dass wir auf dem Mosaik stehen?«

»Ich bin deine Schöpferin«, antwortet Judith. »Erinnerst du dich an meine Worte?« Sie sieht mein irritiertes Gesicht und muss lachen. »Ich sage dir immer: ›Sei achtsam und nimm an, was ist!‹«

»Ich verstehe nicht, was du meinst ...«

»Aber es ist doch ganz einfach, Lisa. Du hast mich ausgesucht und mich zu deiner Schöpferin gemacht!«

»Aber du bist doch ... Judith.«

»Ja. In der richtigen Welt bin ich das. Aber des Nachts im Museum gelten andere Regeln. Hier bin ich deine Schöpferin. Und es freut mich, dass du mir an diesen besonderen Ort gefolgt bist. Ich rufe dich schon eine ganze Weile, weil ich fühle, wie erschöpft und unglücklich du bist. Immer wieder flüstere ich dir die brennenden Fragen zu: ›Willst du so leben, wie du lebst? Willst du all das, was du tagtäglich tust, wirklich tun? Aus tiefstem Herzen? Willst du auf diese Weise eines Tages alt werden?‹«

»Du bist meine Schöpferin?«, wiederhole ich ungläubig und nachdenklich.

»Aber ja! Ich fordere dich auf, die Achtsamkeit in dein Leben zu lassen. Ich wünsche mir, dass du in allem, was du tust, bewusst bist. Und das sage ich dir wieder und wieder. So lange, bis du mich endlich hörst.«

Mein Blick fällt auf das Bild zu Judiths Füßen. Plötzlich erkenne ich, wie ähnlich die Schöpferin ihr ist. Die alte Frau im Mosaik ist so offensichtlich Judith, dass ich mich frage, warum ich in all den Stunden, die ich mit ihr verbracht habe, nicht selbst darauf gekommen bin. Ihre grauen Haare, ihre unglaubliche Ausstrahlungskraft, ihre innere Ruhe, ihre Bodenständigkeit und Naturverbundenheit, ihr Geerdetsein. Wie konnte ich all das nur nicht bemerken?

»Jetzt verstehe ich einmal mehr, warum ich mich in deiner Nähe so gut aufgehoben fühle«, sage ich und lache erleichtert.

»Wenn du magst, können wir gern mehr Zeit miteinander verbringen. Mich würde das sehr freuen.« Sie zwinkert mir zu. »Ich kann immer bei dir sein – du musst es nur erlauben.«

»Aber sicher!«, jubele ich. »Du bist klug und weise und eine fantastische Ratgeberin.«

»Dann nur zu, Lisa. Frag mich, was immer du willst. Ich

wäre glücklich, dir helfen zu können. Im Sandsteinhaus hast du ja schon einiges von dir erzählt. Welche der Themen, die dich bewegen, liegen dir am meisten am Herzen?«

Ich schaue in ihre klaren blauen Augen und spüre das Bedürfnis, mich wahrhaft und aufrichtig mit meinen Wünschen und Träumen zu beschäftigen. Judith scheint nicht nur in mein Innerstes blicken zu können, sondern auch mir selbst den Blick in meine Seele zu erleichtern.

»Ich denke in letzter Zeit häufiger über all die Träume nach, die ich in meinem Leben hatte«, beginne ich. »Besonders über jene, die ich begraben musste. Manchmal frage ich mich, wo all die geplatzten Träume hingehen. Gibt es eine Art Friedhof für Träume, die gestorben sind und die man anschließend zu Grabe tragen musste? Werden sie zu Staub? Oder zu Asche? Verwandeln sie sich? Bekommen sie irgendwo bei einem anderen Menschen eine zweite Chance? Können sie ein neues Leben beginnen?«

»Welche Träume meinst du?«, fragt Judith.

»Ich hab mal von der großen Liebe geträumt. Und als ich Fin traf, glaubte ich, ihr begegnet zu sein. Und ich träumte, wie das Leben von Fin und mir aussehen würde.«

»Aber dieser Traum ist geplatzt«, rät Judith.

Ich nicke.

»Dann ist Fin das Thema deines Herzens?«

Wieder nicke ich. »Ich habe dir noch nicht alles von Fin und mir erzählt. Es gab da eine Sache … ein Schlüsselerlebnis …« Ich zögere.

»Wenn es um eine schmerzhafte Erinnerung geht, dann

ist es gut, sie zuzulassen, weil sie damit oft ihren Schrecken verliert. Verdrängen wir solche Erinnerungen, dann werden sie stärker und stärker. Und irgendwann schießen sie mit einer solch explosiven Wucht hervor, dass sie uns umhauen.«

»Es fällt mir schwer, diese Sache in Worte zu fassen«, stammele ich. »Ich hab schon so lange darüber geschwiegen, dass ich nicht weiß, wie ich darüber reden soll. Vielleicht habe ich einfach vergessen, wie es geht.«

»Nur Mut. Darüber reden hilft, Distanz zu schaffen. Ich bin ja bei dir.«

Ich atme tief durch und gebe mir einen Ruck. »Als ich mit Lotte im sechsten Monat schwanger war, ist Fin aus unserer Beziehung ausgebrochen. Ich hatte zu diesem Zeitpunkt bereits viel erlebt. Wie schon erwähnt, hatte ich einige Beziehungen, die man heute wohl toxisch nennen würde. Damals war dieser Begriff noch nicht üblich, aber ich kann behaupten, dass ich diese Dinge nicht nur erlebt, sondern auch überlebt habe. Nach all diesem ...«, ich suche nach dem passenden Wort.

»Mist?«, schlägt Judith vor.

Ich muss lachen. »Ja, so könnte man es nennen. Nach alldem glaubte ich jedenfalls, dass nichts und niemand mehr mich so leicht aus der Bahn werfen könne. Und ich dachte, dass ich so viel Erfahrung mit geplatzten Träumen hätte, dass mir eine weitere Enttäuschung nicht viel anhaben würde.«

»Aber das war ein Irrtum«, sagt Judith.

»Ja. Als ich erfuhr, dass Fin eine andere Frau traf, dass

er ihr die Gefühle schenkte, die doch eigentlich für mich bestimmt waren, und mit ihr unsere Sprache sprach, traf es mich wie ein Blitz. Es riss unsere Liebe in den Abgrund – und mich gleich mit. Emotional warf mich diese Sache völlig aus der Bahn. Ich verstand nicht, wieso er mir das antat. Das Grübeln darüber und die quälenden Gedanken, die folgten, waren für mich wie eine lange Reise in die Nacht. Am Ende fand ich dennoch keine Erklärung für sein Verhalten, und so fasste ich einen Plan: Ich entschied, zwar bei ihm zu bleiben, schwor mir aber, mein Herz von nun an zu verschließen.«

»Du wolltest dich auf diese Weise vor weiteren Enttäuschungen schützen.«

Ich nicke traurig.

»Ist dir die Sache in späteren Gesprächen mit Fin denn klarer geworden?«, fragt Judith.

»Es gab keine Gespräche«, erwidere ich traurig.

Sie wirkt erstaunt. »Ihr habt nie wieder darüber gesprochen?«

»Nein. Ich wollte es nicht. Oder besser gesagt, ich schaffte es nicht. Mit dem Baby im Bauch und einem Dreijährigen, den ich versorgen und beschützen musste … was hätte ich da für eine Alternative gehabt?«

»Du hattest Angst vor den Konsequenzen«, überlegt Judith. »Vielleicht auch vor der Veränderung?«

»Ich glaube, ich hatte Angst vor der Wahrheit. Ich hätte mir eingestehen müssen, dass meine Träume von der großen Liebe und einer glücklichen Familie gescheitert waren.«

»Und Fin? Weißt du, wie es ihm mit der Situation ging?«

»Es war ihm sehr recht, dass wir die Geschichte nicht weiter aufkochten. Was geschehen war, war geschehen.«

»Hat er das so gesagt?«

»So ähnlich. Er meinte, er könne ja nicht rückgängig machen, was passiert sei. Er habe einen Fehler gemacht, wolle aber bei mir und den Kindern bleiben.«

»Was hat er noch gesagt?«

»Nichts. Kein Wort mehr. Er kehrte einfach zurück in unser Leben.«

Ich spüre, dass allein die Gedanken an diese Zeit mich immer noch so traurig machen wie damals. »Wie schon gesagt, Fin ist nicht gerade der gefühlsbetonte Typ. Er hat auch dieses Problem pragmatisch gesehen.«

»Und du?«, fragt Judith.

»Ich habe damals lediglich versucht, nicht an dieser Sache zu zerbrechen. Ich wollte alles tun, damit mein Baby gesund auf die Welt kam. Außerdem hatte ich bald zwei Kinder zu versorgen. Wichtig war also nur, dass ich funktionierte.«

»Und das hast du geschafft, indem du dein Herz verschlossen hast?«, hakt Judith nach.

»Indem ich mich auf das Wesentliche konzentriert habe«, erwidere ich.

»War dieser Liebesentzug nicht auch eine Rache?«

Ich merke, dass mir die Tränen kommen. »Doch. Vielleicht. Anfangs schon. Aber irgendwann habe ich wieder eine Tür zu unserer Beziehung geöffnet.«

»Nur zu eurer Beziehung oder auch zu deinem Herzen?«

Ratlos hebe ich die Schultern. »Kann man die Tür zum Herzen öffnen und schließen, wie man will?«

»Sag du es mir.«

»Schon möglich, dass diese Tür verschlossen blieb. Zumindest habe ich sie nicht sehr weit geöffnet.«

»Wann hast du überhaupt versucht, sie zu öffnen?«

»Kurz nach der Geburt von Lotte, als er sie zum ersten Mal in seinen Armen hielt und ich sah, wie verliebt er in seine Tochter war. Dieses Bild öffnete die Tür einen kleinen Spaltbreit. Aber dieser Moment währte nicht lange. Ich glaubte, dass ich meine Kräfte für die Familie brauchen würde, und entschied mich für einen pragmatischen Umgang mit der Situation, ganz so, wie Fin es wollte und wie er auch selbst damit umging.«

»Warum?«

»Aus Schutz? Ich weiß es nicht. Es schien mir der sichere Weg. Die Kinder sollten einen Vater haben, das war mir wichtig, und als Vater war Fin toll.«

»Den Kindern ging es also gut«, resümiert Judith. »Aber was war mit dir?«

»Ich vertraute darauf, dass die Zeit meine Wunden heilen würde. So wie es in meiner Vergangenheit schon oft der Fall gewesen war. Ich hoffte, Fin eines Tages verzeihen zu können. Also habe ich die Zähne zusammengebissen und mir gesagt, es gebe keinen Grund, mich zu beklagen. Die Affäre war passé. Warum mich also noch länger damit befassen?«

»Dir war nicht klar, was für dich auf dem Spiel stand?«

»Nein. Erst allmählich begriff ich, dass ich mich selbst

verleugnet hatte. Fins Vertrauensbruch war ein Rückschlag, eine Enttäuschung zu viel für mich. Überhaupt habe ich inzwischen das Gefühl, meine Verwundbarkeit wird größer im Alter – und die Heilungschancen werden immer geringer.«

Judith schüttelt sachte den Kopf. »Keine Sorge, der Umgang mit deinen Gefühlen ist keine Frage des Alters. Aber wenn du sie verleugnest, verlierst du den Bezug zu ihnen. Und auf diesem Weg verlierst du dich selbst.«

»Ja, ich glaube, genau das ist mir hier bei dir klar geworden«, murmele ich. »Mein schöner Traum von Glück und Liebe, den ich mal hatte, ist nicht einfach zerplatzt, weil Fin diese Affäre hatte, sondern auch, weil ich meinen Traum habe sterben lassen.«

»Was hast du jetzt für ein Gefühl, wenn du darüber sprichst?«, fragt Judith. »Bist du traurig?«

Ich schweige und denke an Fin und unsere letzten Jahre. Wir sind zwei einsame Seelen geworden. Leben nebeneinanderher, jeder in seinem Kokon der Sehnsucht. Der Gedanke daran macht mich tatsächlich traurig, aber da ist noch etwas: Wut. Wut darüber, dass es so weit gekommen ist.

»Ich bin wütend«, gebe ich zu. »So unfassbar wütend, dass ich das alles zugelassen habe. Und ich werde diese Wut einfach nicht los.«

Judith lächelt milde. »Etwas einfach loswerden wollen, das funktioniert meistens nicht. Wenn du deine Gefühle unterdrückst, bremst, abwürgst, werden sie niemals Ruhe geben.«

»Aber sie peinigen mich ebenso, wenn sie da sind. Wie kann ich dem entkommen?«

»Du kannst deinen Gefühlen nicht entkommen«, antwortet Judith. »Nimm wahr, was da ist und was du fühlst, und denke nicht sofort darüber nach, wie du dem wieder entkommen kannst.«

»Aber diese Gefühle sind nur schwer auszuhalten.«

»Dann sprich über deine Gefühle, sprich sie aus. Ersetze sie durch die Worte, die unausgesprochen geblieben sind und deshalb diese Gefühle hervorgerufen haben. Was würdest du eigentlich sagen wollen, was du dir aber bislang nicht erlaubt hast? Wut ist ein starkes Gefühl. Es dient der Verteidigung unserer persönlichen Grenzen. Sie taucht auf, wenn unsere Grenzen von anderen oder von uns selbst verletzt werden oder wenn wir uns ungerecht behandelt fühlen. Was füttert also deine Wut, Lisa?«

Ich spüre, dass sich mein Magen zusammenzieht. Gerade will ich Judith antworten, aber in diesem Moment donnert die schnarrende Stimme einer Frau durch das nächtliche Museum. »So, jetzt reicht es aber mal!«

Erschrocken zucke ich zusammen. Das Gepolter kommt aus dem Nebenraum, und das Organ der Frau ist so durchdringend, dass sie damit die Wände erzittern lassen könnte.

DIE KÖNIGIN DER NACHT

Wer war das?«, frage ich verunsichert.

»Reiß dich zusammen, Lisa!«, kommandiert die Stimme. »Dieses Gejammer hält ja kein Mensch aus.«

»Und wieso kennt sie meinen Namen?«, flüstere ich ängstlich.

Judith winkt ab. »Einfach nicht hinhören.«

»Lisa!«, poltert es erneut aus dem Nebenraum. »Ich weiß, dass du mich hörst!«

»Das sagst du so leicht«, halte ich Judith kleinlaut entgegen.

»Lisa, wirst du mir jetzt endlich von diesem Ding herunterhelfen? Wie lange soll ich hier noch herumstehen wie bestellt und nicht abgeholt?« Der Befehlston lässt mich aufs Neue zusammenzucken.

»Denkst du nicht, dass wir mal nachschauen sollten?«, frage ich vorsichtig.

»Nein, nein, lass nur, die Alte kommt schon allein zurecht«, erwidert Judith.

»Kennst du sie etwa?«, frage ich.

Judith nickt. »Nicht nur das. Du kennst sie auch.«

»Was? Nein! Ganz sicher nicht.«

»Doch!«, lacht Judith.

»Lisa, jetzt komm endlich her und mach dich nützlich. Wenn ich dir helfen soll, dann musst auch du mir helfen. Also los! Beeil dich gefälligst! Wir haben schließlich nicht die ganze Nacht Zeit.«

»Okay. Komm mit«, lenkt Judith ein. »Ich zeige dir jetzt deine Herrscherin.«

»Meine ... was? Meine Herrscherin?«

Judith öffnet die Schiebetüren zum Nebenraum. »Genau, ich bin deine Schöpferin, und diese nette Dame dort drüben ...«, Judith zeigt auf eine lebensechte Wachsfigur, die auf einem Marmorsockel steht, »das ist deine Herrscherin. Darf ich vorstellen: Königin Sophie.«

»Na, das wurde aber auch Zeit!«, dröhnt die Stimme der Königin durch den Saal. Die leicht pummelige Dame trägt ein stahlblaues Kleid. Ein Hermelinmantel schmiegt sich um ihre königlichen Schultern, und ihre hoch aufgetürmten, pechschwarzen Haare schmückt ein Diadem. In der Rechten hält sie ein Zepter.

»Aber, das ist doch unmöglich!«, stottere ich fassungslos.

»Wieso?«, erwidert Judith. »Hier und heute Nacht ist nichts unmöglich. Du hast dir gewünscht, das Mosaik zu verstehen und deine Archetypen kennenzulernen. Jetzt sind wir alle hier und ...«

»Tut mir leid, wenn ich euer Kaffeekränzchen unterbreche«, geht Königin Sophie dazwischen, »aber mit Quatschen kommen wir hier nicht weiter. Hilft mir jetzt endlich jemand, oder muss ich erst ungemütlich werden?«

»Wieso ist sie eigentlich so unfreundlich und aufgebracht?«, raune ich Judith zu. »Und warum ruft sie die ganze Zeit ausgerechnet nach mir?«

»So ist sie immer«, antwortet Judith in gedämpfter Lautstärke. »Sie führt sich auf wie die Königin deiner Seele. Sie ist die mit Abstand Lauteste von uns allen.

Sie treibt dich an, kontrolliert, kritisiert und manipuliert dich den ganzen lieben langen Tag. Du sollst nach ihrer Pfeife tanzen und immer nur das tun, was sie will. Und wehe, du befolgst ihre Befehle nicht sofort, dann macht sie dir die Hölle heiß, drangsaliert und bedroht dich, und am Ende kriegst du Heul- und Magenkrämpfe. Aber Mitleid hat sie trotzdem nicht mit dir. Ihre Ansprüche sind so hoch, dass du es ihr sowieso nie recht machen kannst. Ob du ihr also nun vom Sockel hilfst oder sie da oben weiter zetern lässt, ist einerlei. Und ganz allein deine Entscheidung, Lisa.«

Ich riskiere einen Blick und betrachte die Herrscherin. Aufrecht und stolz steht sie da und sieht streng auf uns herunter. Sie strahlt Disziplin und Härte aus. Von Mitgefühl und Sympathie keine Spur. Ich fühle mich klein in ihrer Gegenwart, etwa so, als wäre ich fünf Jahre alt. Wenn sie nicht so fordernd und Furcht einflößend wäre, würde ich sie tatsächlich einfach da oben stehen lassen. Aber ich habe eine seltsame Angst vor den Konsequenzen.

Während ich noch unschlüssig dastehe, beugt sie sich vor und herrscht mich an: »Was ist los mit dir, Lisa? Hast du etwa all deine Pflichten vergessen?«

Ich weiche erschrocken zurück, während sie sich wieder aufrichtet, würdevoll strafft und ihr verrutschtes Diadem zurechtrückt.

»Überlege dir gut, ob du ihrem Ruf folgen willst«, unkt Judith und lächelt weise.

»Du hältst dich da raus!«, blafft Sophie.

»Sieh dir nur an, wie ängstlich sie ihr Zepter umklammert«, stichelt Judith. »Sie hat schreckliche Angst, dass du ihr die Macht wegnehmen könntest.«

»Jetzt hör schon auf, dich mit diesen Leuten hier abzugeben, Lisa«, dröhnt die Königin. »Wir beide wissen doch, was zu tun ist, nicht wahr?«

Auch Sophie ist ihrer Abbildung im Mosaik wie aus dem Gesicht geschnitten. Und das perlenbestickte Kleid, der Hermelin sowie das Zepter sind ebenfalls im Mosaik zu sehen. Eine strahlende Königin, einerseits. Andererseits wirkt ihre eng geschnürte Taille so, als würde ihr jeden Moment die Luft zum Atmen wegbleiben.

»Na los, was zögerst du noch, Lisa?«, drängt Sophie voller Ungeduld. »Wir beide haben heute noch so viel zu erledigen. Du weißt doch selbst, dass du wieder in die Spur kommen musst.«

Hilfesuchend wende ich mich an Judith. Die Situation überfordert mich. Außerdem fühle ich mich von Sophie massiv unter Druck gesetzt.

»Komisch. Ich habe das Gefühl, ich bin verpflichtet, ihr zu helfen«, sage ich und merke selbst, dass es wie eine Entschuldigung klingt.

»Würde es dir was nützen, wenn ich dir erlaube, es nicht zu tun?«, fragt Judith beruhigend.

»Ich fürchte – nein«, erwidere ich.

»Hab ich mir gedacht.« Sie lächelt. »Aber schon gut, das ist nicht so schlimm.«

»Wo finde ich denn hier eine Leiter?«, frage ich und sehe mich um. Dabei fällt mein Blick auf eine Nachbildung der ersten Litfaßsäule aus dem Jahre 1854, die von Halogenleuchten angestrahlt wird. Daneben ist die Wachsfigur des Erfinders zu sehen, Ernst Litfaß, der Berliner Unternehmer, der den Säulen ihren Namen gab.

An der Säule klebt ein Plakat, auf dem eine lebensgroße Frau zu sehen ist, die wie eine Actionheldin aussieht. Sie trägt eine enganliegende schwarze Lederjacke, dazu eine lässige Cargohose und Boots. In Siegerinnenpose steht sie da, breitbeinig, die Arme angewinkelt, die Fäuste in die Hüften gestemmt, ein selbstbewusstes Lächeln im Gesicht. Die schwarze Lederjacke betont ihren weiblichen und trainierten Körper. Die dunklen Haare sind zu einem Pferdeschwanz zusammengebunden, und ihre vollen Lippen leuchten tiefrot. Was für eine kraftvolle Erscheinung.

Ich bin erstaunt, dass ich lesen kann, was in der Sprechblase geschrieben steht, die über ihr schwebt: »Finde die Powerfrau in dir – mit Bildung bringst du Action in dein Leben!«

»Power!«, ruft die Superfrau plötzlich und springt vom Plakat. Mit einer eleganten Rolle vorwärts, wie man sie sonst nur in Actionfilmen sieht, wirbelt sie in den Raum und mir direkt vor die Füße.

Ich bin so verdutzt, dass ich kein Wort herausbringe, während die Actionheldin schon wieder auf den Beinen ist und damit beginnt, den Raum zu durchsuchen. In Windeseile hat sie hinter jede Tür und in jeden Winkel geschaut.

»Gesichert!«, ruft sie mir zu und reicht mir wenig später die Hand zum Gruß. »Hi, Lisa, ich bin Jeanne, deine Kriegerin. Wie kann ich dir helfen?« Ihr Händedruck ist kraftvoll wie ein Schraubstock.

»Hallo, Jeanne«, erwidere ich überfordert und reibe mir die schmerzende Hand.

Sie steht einfach nur da und wartet. Sie sieht aus wie zuvor auf dem Plakat. Die Fäuste sind kämpferisch in die Hüften gestemmt, ihr Lächeln wirkt selbstsicher und vertrauenerweckend.

Dennoch empfinde ich die Situation als ein wenig absurd, weshalb ich lachen muss. Ich komme mir gerade vor, als wäre ich Teil einer Filmszene.

Sie lässt die Fäuste sinken. »Was ist los? Irgendwas nicht in Ordnung?«

»Doch«, antworte ich. »Alles bestens. Ich habe mich nur gefragt, ob du gerade tatsächlich diesem Plakat entstiegen bist. Und wonach hast du eben gesucht?«

»Ich beschütze dich! Und ich helfe dir immer, wenn es schwierig wird.« Sie legt mir eine Hand auf die Schulter. »Bleib cool. Ich bin immer für dich da und kämpfe für dich. Mir ist keine Gefahr zu groß, keine Aufgabe zu schwierig. Immer bereit und immer an deiner Seite.« Wieder zeigt sie mir ihr gewinnendes Lächeln.

»Im Mosaik siehst du anders aus«, stelle ich fest.

»Na und?«

»Du bist dort in Ritterrüstung abgebildet.«

»Ich weiß. Aber die fand ich zu altmodisch, deshalb hab ich sie gegen diese schicken Klamotten eingetauscht. Darin kann ich mich auch viel besser bewegen. Außerdem stehen sie mir deutlich besser, oder?«

»Schon, aber ...«

»Ich dachte mir, dass es dir bestimmt gefällt, wenn ich nicht als olle Ritterin, sondern als coole Actionheldin auftrete. Und hier bin ich nun, deine dir ergebene Kriegerin.« Sie pustet sich eine Haarsträhne aus dem Gesicht.

»Bla, bla, bla!«, ätzt Königin Sophie auf ihrem Marmorsockel. »Jetzt hört endlich auf zu quatschen. Jeanne, du musst Lisa helfen, mich hier runterzuholen, und das sofort. Also beeilt euch ein bisschen.«

»Soll ich die Leiter holen?«, fragt Jeanne und sieht mich erwartungsvoll an. Ihr Körper ist gespannt wie eine Feder, sie wirkt tatendurstig.

»Wieso fragst du mich, was du tun sollst?«

»Na ja, ich setze mich für deine Belange ein. Dein Wort ist mir Befehl.«

»Jeanne! Ist gut jetzt. Mach kein Drama draus und hol Lisa diese verdammte Leiter, damit ich hier endlich runterkomme«, mischt sich Sophie wieder ein.

Ich blicke zu Judith, die uns von der Tür aus amüsiert zuschaut.

»Also, Lisa, was soll ich jetzt tun?!«, drängelt Jeanne. Sie klingt sehr ungeduldig.

»Klar, meinetwegen«, antworte ich und zucke mit den Schultern. Mir fehlen der Ehrgeiz und der Mut, mich dem

Wunsch der Herrscherin zu widersetzen. Hauptsache, sie gibt endlich Ruhe.

»Na endlich!«, ruft Sophie genervt und rollt mit den Augen. »Verbindlichsten Dank, ihr Schlafmützen!«

»Alles klar! Ich hol dann mal eben die Leiter!«, verkündet Jeanne zufrieden. »Bin in einer Sekunde zurück.« Und schon sprintet sie los. Ihre Bewegungen sind selbstsicher und leicht. Man glaubt ihr sofort, dass sie spielend jeden Kampf gewinnen und jeden Gegner bezwingen kann.

Ich würde mich gern zu Judith gesellen. Bei ihr wäre es mir wohler. Die negative Energie, die Sophie verströmt, verpestet die Luft und setzt mich so sehr unter Druck, dass ich mich nicht dagegen wehren kann. Allein die Gegenwart der Königin empfinde ich als puren Stress.

Doch bevor ich auch nur einen Schritt in Judiths Richtung machen kann, ist Jeanne mit der Leiter zurück. Sie beugt sich kurz vor, stützt sich mit einer Hand auf dem Knie ab und schnappt nach Luft.

»Leute, die ist echt schwer!«, ächzt sie, gibt sich dann aber einen Ruck. »Nicht so schlimm! Weiter geht's!«

Sie lehnt die Leiter an den Sockel, um ein paar Sprossen hinaufzusteigen und der Herrscherin die Hand zu reichen.

»Wird aber auch wirklich Zeit«, begrüßt Sophie sie mürrisch.

Ich nutze den Moment, um heimlich zu Judith zu schleichen. Sofort werde ich innerlich ruhiger. »Kannst du mir erklären, was hier passiert?«, frage ich sie flüsternd.

»Aber gern. Das hier ist der Saal deiner Autoritäten, deiner Kontrollinstanzen. Hier findest du deine lauten Stimmen. All jene Frauen, die dich und dein Leben im Griff haben und dich kontrollieren wollen: dein kritisches Ich, also deine Herrscherin …«

»Königin Sophie«, werfe ich ein.

»Genau. Außerdem deine Kriegerin Jeanne, also dein kämpferisches Ich. Dann gibt es noch Rosa, dein gefangenes Ich, und dein helfendes Ich, Theresa, die selbstlose Retterin. Aber die Lauteste von ihnen ist mit Abstand Sophie. Und wie du gerade gesehen hast, erreicht die Herrscherin immer, was sie will.«

»Das heißt also, die Stimmen dieser Frauen höre ich meistens zuerst.«

Judith nickt.

»Und wieso sind es ausgerechnet diese vier Stimmen, die hauptsächlich meine Gedanken beeinflussen?«

»Das wundert dich?«, fragt Judith.

»Es war mir bisher nicht bewusst«, antworte ich.

»Natürlich nicht«, erwidert sie. »Deswegen bist du ja hier. Um alle Stimmen kennenzulernen, die Zusammenhänge zu verstehen und um das gemeinschaftliche Wirken ihrer Kräfte zu erfahren. Du hast jetzt und hier die Möglichkeit, dir anzuschauen, wer sie sind. Geh hin und sprich mit ihnen.«

»Ich bin nicht sicher, ob ich mich das traue«, sage ich und beäuge die Herrscherin, die vom Sockel heruntergestiegen ist und nun langsam und majestätisch auf mich zuschreitet. Je näher sie mir kommt, desto mehr Respekt flößt sie mir ein. Und mit jedem Schritt, den sie tut, fühle ich mich kleiner und kleiner. Ihre bloße Gegenwart sorgt dafür, dass sich mein Kopf plötzlich wie leergefegt anfühlt - oder wie ein riesengroßer Wattebausch. Ich kann jedenfalls keinen klaren Gedanken fassen.

»Ich weiß gar nicht, was ich sie fragen soll«, stammele ich.

»Du wirst es schon herausfinden«, erwidert Judith sonnig.

»Sie ist so streng«, klage ich kleinlaut.

»Du kannst mit ihr über alles reden. Auch über Fin. Sag ihr, wie du dich fühlst und was sie in dir auslöst«, schlägt Judith vor. »Nur wenn du mit deinen lauten Stimmen in einen Dialog gehst, kannst du ihnen die negative Kraft und ihren Argumenten den Druck nehmen«, fügt sie flüsternd hinzu. »Du kannst entscheiden, wem du folgst. Du allein. Und das jederzeit. Nur Mut!«

Sophie hat ihren majestätischen Spaziergang beendet und sich in voller Größe vor mir aufgebaut. »Was gibt es denn hier zu flüstern?«, fragt sie spitz.

Ich werfe einen Blick zu Judith, die mir aufmunternd zunickt. Schließlich gebe ich mir einen Ruck.

»Ich muss dir etwas sagen, Sophie ...«, beginne ich zaghaft.

»Das kann bestimmt warten«, unterbricht sie mich barsch. »Wir haben sehr viel Wichtigeres zu tun ...«

»Nein, kann es nicht«, unterbreche ich sie nun meinerseits und merke, dass ich wütend werde.

»Bravo, Lisa«, flüstert mir Judith zu.

Sophie hebt empört eine Augenbraue. Mein Aufbegehren missfällt ihr sichtlich. Dennoch sagt sie in einer für ihre Verhältnisse bescheidenen Lautstärke: »Gut. Ich höre.«

»Ich möchte von dir wissen, warum du mich ständig kritisierst und bewertest. Was ich auch tue, ich kann deinen Ansprüchen nicht genügen.«

»Du bist undankbar, Lisa«, erwidert Sophie mit hoch erhobener Nasenspitze. »Alles, was du bist, hast du mir zu verdanken.«

»Ach ja? Dann soll ich dir dafür dankbar sein, dass du mich schon morgens, wenn ich in den Spiegel blicke, bewertest und kritisierst? Dass du dafür sorgst, dass ich neidisch auf andere bin und unzufrieden mit mir selbst? Dass ich ständig deine wertende Stimme höre, die mir einredet, dass ich schöner und attraktiver werden muss, wenn ich Fin weiterhin gefallen will?«

»Das ist mein kritisches Auge, das über dich wacht«, verteidigt sich Sophie. »Ich habe keine ruhige Minute, weil ich dich ständig beobachte, aber das ist alles nur zu deinem Besten.«

»Du redest mir ein, dass ich nicht genüge und Fin überhaupt keinen Grund hat, bei mir zu bleiben und mich zu lieben, wenn ich so aussehe, wie ich nun mal aussehe, oder so bin, wie ich bin. Du machst mich glauben, dass ich nicht fleißig oder kompetent genug bin, um in meinem Job die Nummer eins zu sein und die Anerkennung zu bekommen, die ich mir wünsche. Überall beförderst du mich auf den zweiten Platz. Und auch als Mutter gibst du mir das Gefühl zu versagen. Warum tust du das? Bin ich so wenig wert in deinen Augen?«

»Aber nein!«, wiegelt Sophie ab. »Ich weiß nur, dass du ohne mich nicht zurechtkommst. Wer soll dich denn führen, wenn nicht ich? Nur ich kann dir sagen, was gut und was schlecht, was richtig und falsch für dich ist. Ganz abgesehen von deinem Timing. Wie willst du ohne mich dein tägliches Pensum schaffen? Was kann ich mehr für dich tun? Ich meine, ich gebe mir wirklich alle Mühe, dich zu beschützen. Das werden dir alle hier bestätigen. Du kannst die anderen gerne fragen. Wende dich zum Beispiel an Rosa, die wird es dir sagen.«

»Gute Idee, das machen wir«, schaltet Judith sich ein und zieht mich schnell weg von Sophie.

Flüsternd fügt sie hinzu: »Deine Herrscherin ist wirklich unerträglich. Ich stelle dir Rosa vor. Vielleicht bringt dich das auf andere Gedanken.«

DIE KETTEN DER VERGANGENHEIT

Judith führt mich zum Nachbau eines Kerkers, den ich als das legendäre Gefängnis des Philosophen Sokrates wiedererkenne - zumindest behaupten diverse Geschichtsbücher und Reiseführer, dass es sich am Fuße eines Hügels unweit des damals wichtigsten Versammlungsplatzes von Athen befindet. Vor vielen Jahren habe ich das Original mal besucht.

In diesem Nachbau des Kerkers sitzt allerdings nicht der Philosoph, sondern eine Frau, die in meinem Alter sein könnte. Das harte Gefängnisleben lässt sie bestimmt älter aussehen, als sie ist. Ihr dunkles, wirres Haar wirkt verfilzt, ihre Kleidung starrt vor Dreck. Gesicht und Hände sind verschmutzt. Die Frau hat etwas Rebellisches an sich, denn sie umklammert die Eisenstäbe ihres Gefängnisses mit trotzigem Blick.

»Das ist Rosa, dein gefangenes Ich«, stellt Judith sie mir vor.

Ich sehe das bemitleidenswerte Wesen hinter den Gitterstäben und muss schlucken. »Wie lange ist sie schon da drin?«

»Nun ja, seit deiner Kindheit«, antwortet Judith.

»Aber das ist ja schrecklich«, sage ich.

»Nicht unbedingt«, erwidert Judith und zieht mich ein wenig zur Seite, um mir zu zeigen, dass der Kerker der bemitleidenswerten Frau nur aus einer vergitterten Tür besteht. Die Seitenwände fehlen.

»Du hast recht, eigentlich könnte sie ja jederzeit gehen«, stelle ich fest.

Als Judith mir gerade antworten will, wuchtet Rosa plötzlich das schwere Eisengitter, hinter dem sie steht, hoch und hievt es ächzend in den Museumssaal. Die Eisenstäbe hält sie so fest umklammert, dass ihre Handknöchel weiß werden. Mühsam schleppt sie sich mit ihrer Gefängnistür zu uns.

»Was tust du da?«, frage ich. »Du musst dieses Gitter nicht mit dir herumtragen. Überhaupt könntest du dich problemlos befreien. Schau dich mal um. Dein Gefängnis gibt es nicht. Keine Wände, keine Gitter. Es ist alles offen.«

Rosa hört nicht auf mich, stattdessen müht sie sich weiter mit dem schweren Eisengitter ab.

»Rosa! Hörst du mich? Du bist frei! Du kannst gehen, wohin du willst!«

Sie schüttelt entschieden den Kopf. »Nein! Das kann ich nicht! Das geht doch nicht!«, erwidert sie.

»Warum nicht?«

»Der Mensch wird frei geboren, und überall liegt er in Ketten«, antwortet Rosa.

»Sagt wer?«, frage ich.

»Ich glaube, das war Rousseau«, antwortet Judith.

»Aber das ist doch Quatsch, Rosa!«, widerspreche ich. »Du kannst dein Gitter einfach zur Seite stellen. Komm, versuch es!«

»Nein! Das geht nicht!«, entgegnet sie trotzig und wirft mir einen feindseligen Blick zu. »Unmöglich!«

So, wie sie gerade dasteht und das Gitter umklammert, ist Rosa auch im Mosaik abgebildet. Es ist ein trauriger Anblick, der mich ohnmächtig und hilflos macht. Je länger ich sie ansehe, desto mehr habe ich selbst das Gefühl, fremdbestimmt und ausgeliefert zu sein, ein Opfer der Umstände, aus denen ich mich wohl niemals werde befreien können.

Unsicher wende ich mich Judith zu. »Ich fühle mich ganz und gar nicht wohl in ihrer Gegenwart.«

»Das liegt daran, dass sie sehr alte Gefühle in dir weckt.«

»Welche Gefühle sollen das sein?«

»Rosa ist in deiner Vergangenheit gefangen. Sie hält sich an deinen negativen Glaubenssätzen fest.«

»Was sind denn eigentlich negative Glaubenssätze genau? Du hast dieses Wort bereits im Haus des Lebens erwähnt.«

»Das sind dich belastende Gedanken und damit verbundene Gefühle. Sie stammen aus deiner Vergangenheit. Meistens klammert Rosa sich an negative Glaubenssätze aus deiner Kindheit. Diese alten Muster prägen ihr Selbstbild. Damit identifiziert sie sich.«

»Aha.« Ich überlege.

»Verstehst du das?«, hakt Judith nach.

»Ich weiß nicht«, antworte ich.

»Mal anders gefragt«, sagt Judith. »Ärgert es dich, dass sie es sich so schwer macht?«

Ich nicke. »Allerdings.«

»Gut, damit kommen wir der Sache schon näher.«

»Aber ich mache es mir doch nicht selbst schwer«, begehrt Rosa klagend auf. »Ich kann nur nicht anders!«

Leidend steht sie vor mir und starrt mich an, als wolle sie mich hypnotisieren. »Wir beide können nicht anders, Lisa! Das weißt du doch selbst!«

»Beobachte weiter, was sie in dir auslöst«, fordert Judith mich auf. »Was fühlst du, wenn Rosa dir wie jetzt ganz nah kommt?«

»Da tobt ein ganzer Sturm von Gefühlen in mir. Ich spüre einen Widerstand allem und jedem gegenüber, eine Art Trotz. Auf der anderen Seite fühle ich mich ohnmächtig und hilflos. Zugleich habe ich aber auch den dringenden Wunsch, dieses Gefühl von Enge und Schwere, das Rosa in mir auslöst, abzuschütteln und die Ketten zu sprengen. Aber ich weiß nicht, wie.«

»Du bist wütend!«, stellt Judith fest.

Sie hat recht.

»Du bist sogar sehr wütend«, frohlockt sie.

»Ja, und ich könnte platzen. Rosas Widerstand ist unerträglich!«, rufe ich, um gleich danach die Lippen fest aufeinanderzupressen, als hätte ich etwas ganz und gar Unpassendes gesagt. Ich komme mir vor wie ein kleines Kind. Zugleich habe ich das Gefühl, ich würde mit einem kleinen Kind sprechen, wenn ich mit Rosa rede.

»Dieses Gitter ist bestimmt schwer«, sage ich zu ihr.

»Ja, das stimmt, und es ist sehr, sehr anstrengend, es zu tragen«, klagt sie.

»Willst du es nicht einfach zur Seite stellen?«, ermuntere ich sie.

»Nein, das geht nicht«, antwortet Rosa entschieden.

»Los, versuch es, stell es zur Seite. Es ist ganz einfach«, fordere ich ungeduldig.

»Nein! Es ist sicherer so. Das Gitter ist mein Halt, meine Orientierung. Es beschützt mich!«, erwidert Rosa und klammert sich noch fester an ihre Stäbe.

»Ich fürchte, so wird das nichts, Lisa«, schaltet Judith sich wieder ein. »Rosa hängt in den alten Mustern und den ewig gleichen Strukturen fest. Sie ist davon überzeugt, dass sie das Richtige tut.«

»Sie hält ihre Gefangenschaft für richtig?«

»Ja, durchaus.«

»Wie das?«

»Sie hat panische Angst. Freiwillig wird sie an ihrem Zustand nichts ändern. Da muss schon mehr passieren.«

»Und was?«, will ich wissen.

»Du kannst ihr helfen, aber auf eine andere Weise, als du es bisher versucht hast.«

»Aber sie ist so störrisch. Sie lässt sich überhaupt nicht helfen!«

»Du musst bereit sein, in dein Inneres zu schauen. Es sind deine Gedankenschleifen, die sie gefangen halten. Du solltest dir das bewusst machen und dich fragen, welcher negative Gedanke dich seit deiner Kindheit am meisten verfolgt. Welche Vorstellung bremst dich in deinem Leben so sehr aus, dass du das Gefühl hast, nicht weiterzukommen? Das ist wahrscheinlich einer der negativen Glaubenssätze, an die Rosa sich klammert. Schau dir diesen Satz an. Hinterfrage ihn. Finde heraus, ob er überhaupt noch zutrifft.«

»Und damit befreie ich Rosa?«

»Das würde ihr zumindest helfen, den richtigen Weg zu finden. Und vielleicht sieht sie ein, dass sie loslassen darf. Solange du nichts tust, wird sie die Gitterstäbe weiter fest umklammert halten, schon allein, um dich zu beschützen. Wenn du aber den wichtigsten deiner Glaubenssätze erkennst und bearbeitest, hilft das nicht nur Rosa, sondern es verändert auch eine Menge im Gefüge deiner Archetypen.«

Mir schwirrt der Kopf. Da sind unzählige Gedanken, die mich tagtäglich verfolgen und die ich nicht loswerden kann, egal, was ich tue. Viele Glaubenssätze sind im Laufe meines Lebens in mein Herz getropft und haben mich und mein Handeln bestimmt. Aber es gibt tatsächlich eine Überzeugung, die mich besonders hartnäckig begleitet. Seit meiner Kindheit hat sich der Glaube in mir verfestigt, nicht richtig zu sein. Ständig haben meine Eltern mich ermahnt und kritisiert, dass ich zu laut, zu egoistisch, zu ungestüm und zu unartig sei. Ein Mädchen dürfe sich nicht so benehmen, wie ich es tat. Ich sollte mich anpassen und für andere möglichst pflegeleicht sein. Alles andere könne nicht gutgehen und werde eines Tages ein böses Ende nehmen, prophezeite man mir. Dazu kam die Ablehnung der Lehrer in der Schule. Auch ihnen war ich zu vorlaut und zu widerspenstig. All das verunsicherte mich und hinterließ tiefere Spuren, als es mir bisher klar war. Die ständige Kritik ließ mich glauben, dass ich falsch war. Nicht nur meine Art und mein Verhalten waren falsch, ich selbst war offenbar falsch, und so entstand der Glaubenssatz: »Ich bin nicht richtig, so wie ich bin, wie ich denke und wie ich fühle.« Der stete Versuch und das Bemühen darum, nicht anzuecken, führten zu einem weiteren Glaubenssatz: »Um gemocht zu werden, muss ich anders sein.«

»Genau! Und an diesen Sätzen darfst du nicht rütteln!«, mischt Sophie sich erneut ein. »Sonst bricht alles zusammen, was wir uns so mühsam aufgebaut haben.«

»Hast du gerade meine Gedanken gelesen?«, frage ich verdutzt.

»Klar.«

»Wieso kannst du das?«

»Das ist doch völlig logisch. Weil meine Gedanken deine Gedanken sind. Und umgekehrt sind deine Gedanken auch meine Gedanken.«

»Jetzt mach aber mal halblang, Sophie!«, weist Judith sie in ihre Schranken. »Lisa kommt gut zurecht, ohne dass du ständig dazwischenfunkst. Außerdem überschätzt du dich mal wieder maßlos. Du wärst nämlich nur ein winzig kleiner Teil von ihren Gedanken, wenn du dich nicht immer lautstark vordrängeln würdest.«

Erstaunt blicke ich zwischen den beiden Frauen hin und her.

»Findest du das etwa nicht?«, fragt Judith, an mich gewandt.

Ich seufze. Wie oft habe ich versucht, den Glauben an mich selbst zu finden und sämtliche Zweifel zu unterdrücken. Aber alle Mühe war umsonst. Der Zweifel fand mich, und zwar stets und überall. Und so kam ich immer wieder zurück zu meinen negativen Glaubenssätzen.

»Lass dich nicht verwirren, Lisa«, schaltet sich Rosa mahnend wieder ein. »Wir beide wissen, dass es keine Alternative gibt. Also sprich mir nach: ›Ich bin nicht richtig, so wie ich bin, und ich muss anders sein …‹«

»Nein!«, widerspricht Judith. »Sprich ihr nicht nach! In Wahrheit willst du nicht anders sein. Du willst dich nicht verstellen müssen.«

»Das stimmt«, gebe ich zu. »Aber meine Erfahrung ist eine andere. Wenn ich auf meinen Beruf oder auch auf meine Liebesbeziehungen zurückblicke, dann liefen bisher all meine Bemühungen meistens darauf hinaus, dass ich letztlich abgelehnt wurde. So wie ich war, passte ich eben nicht. Dabei wollte ich wirklich gern dazugehören. Also lag ich abends im Bett und fragte mich Tag für Tag, wie die anderen mich wohl gesehen hatten. Oft ging ich jede Szene und jedes Gespräch, das ich am jeweiligen Tag geführt hatte, im Kopf noch einmal durch. Hatte ich mich irgendwo oder irgendwie falsch oder unpassend verhalten? Ich analysierte, was ich gesagt oder getan hatte, um herauszufinden, ob ich jemandem zu nahe getreten war. Ich wollte mich in Sicherheit wiegen, aber das Gegenteil war der Fall. Auf Dauer war es unfassbar anstrengend, immer nur den anderen gefallen zu wollen.«

»Und doch haben dir genau diese Glaubenssätze geholfen, dein Leben zu meistern«, meldet sich Sophie erneut zu Wort.

Das durchdringende Organ der Herrscherin lässt mich zusammenzucken. Unbemerkt ist sie uns gefolgt. Nun steht sie direkt hinter uns, um ihren Führungsanspruch zu behaupten. »Du darfst das Gitter auf gar keinen Fall loslassen, Rosa!« Sophies Ton ist gebieterisch. »Sonst verliert Lisa noch vollends die Kontrolle über ihr Leben. Sie ist nämlich gerade sehr gefährdet.« Die Königin macht ein betroffenes Gesicht. »Wir alle müssen in dieser kritischen Situation ganz fest zusammenhalten und schauen, wie wir da wieder Ordnung reinkriegen. Aber keine Sorge, Lisa, wir sagen dir natürlich, was richtig und was falsch ist.« Sie tätschelt mir die Hand. »Wie wir das immer tun.«

»Also ich weiß nicht so recht, ob ich das für eine gute Idee halte«, begehre ich auf. Mein schwacher Widerstand wird von Sophie im Keim erstickt.

»Papperlapapp! Du kannst das doch gar nicht beurteilen. Du bist ja ganz durcheinander, Kindchen. Aber das kriegen wir wieder hin. Keine Sorge. Du musst jetzt nur tun, was ich dir sage, Lisa.« Sie hebt den Zeigefinger, als wolle sie mich damit aufspießen. »Und du darfst jetzt keine weiteren Fehler mehr machen, hörst du? Vertrau uns einfach, so wie du es immer tust. Das hat sich doch bewährt.«

»Genau«, pflichtet Rosa der Herrscherin bei. »Auf uns kannst du dich verlassen. Und ich garantiere dir, dass du in meinem Gefängnis völlig sicher bist.«

»Wir brauchen Theresa«, bestimmt Sophie. »Weiß jemand, wo Theresa ist?« Sie schaut sich suchend um. Dabei bleibt ihr Blick an einem großformatigen Gemälde hängen. Darauf ist ein in Grün gehaltenes Zimmer zu sehen, in dem einsam ein leerer Stuhl steht.

»Na toll«, stöhnt Sophie, »Theresa ist schon wieder unterwegs.«

»Wer ist denn noch mal Theresa? Wenn jetzt eine weitere Frau hier auftaucht, wird mir das langsam zu viel«, raune ich Judith zu. Ich fühle mich überfordert. Sophie und Rosa setzen mich so sehr unter Druck, dass ich mir wirklich wie eine Gefangene vorkomme. Es ist, als hätten die beiden mich tatsächlich geknebelt und gefesselt.

Plötzlich spüre ich wieder diese tonnenschwere Last, diesen Stein in meiner Brust. Ich kenne dieses Gefühl, es ähnelt meiner Angst vor dem Ertrinken. Ich schnappe nach Luft.

Judith bemerkt es und legt mir ihre Hand auf die Schulter. Wie aus weiter Ferne höre ich ihre Stimme. »Keine Sorge, Lisa. Du bist jetzt erwachsen. Du kannst einen anderen Weg wählen.«

Sie sieht, dass ich ein wenig zittere, und nimmt mich in die Arme.

Ich lasse es geschehen.

IM KREIS DER MÄCHTIGEN

Sanft, aber bestimmt führt mich Sophie in die Eingangshalle, wo sie auf dem Mosaik ihre Position als Herrscherin einnimmt.

»Kommt, Leute!«, ruft sie und klatscht in die Hände. »Wir haben nicht ewig Zeit. Lisa hat etwas auf dem Herzen, und je eher wir alle ihre Fragen beantworten, desto früher kann sie zurück in ihr altes Leben.«

»Du musst dir ihren Vortrag nicht anhören«, raunt Judith mir zu, doch ich winke ab. Ich fühle mich zu willensschwach, um Sophie zu widersprechen.

»Okay, legen wir los und packen wir es an!«, ruft Jeanne, während sie entschlossen ihren Platz auf dem Mosaik einnimmt. Sie stemmt selbstsicher die Fäuste in die Hüften. »Wir werden dich beschützen! Ich bin stark! Und immer zur Stelle. Lasst uns mutig sein! Und wenn nötig, werden wir jede Bedrohung aus dem Weg räumen und für uns und unsere Werte kämpfen!«

»Ist gut, Jeanne! Wir wissen, dass wir auf dich zählen können«, sagt Sophie und wartet, bis auch Rosa ihren Platz auf dem Mosaik eingenommen hat.

Judith folgt den anderen nur widerwillig, aber auch sie stellt sich auf ihren Platz: das Urbild der Schöpferin.

Als alle auf ihren Plätzen sind, klatscht Sophie in die Hände. »Fein! Dann also los. Was willst du wissen, Lisa? Welches Problem hast du mit Fin? Und warum habt ihr überhaupt Probleme? Es lief doch bisher alles wunderbar, oder etwa nicht?«

Ich stehe am Rande des Mosaiks, fühle mich allein und deshalb fehl am Platz. Es fällt mir schwer, damit herauszurücken, was mich beschäftigt. Seit meiner Kindheit bekomme ich zu hören, dass ich meine Wünsche und Bedürfnisse hintanstellen muss. Wenn ich damals für mich und meine Wünsche einstehen wollte, bekam ich Vorwürfe zu hören. Irgendwann wurde es mir zu viel. Seitdem bin ich auf der Flucht vor diesem Gespenst meiner Kindheit.

»Immer raus mit der Sprache!«, ermuntert mich Sophie. »Wir sind hier, und du kannst uns alles sagen.«

Ich atme durch. »Als ich gestern in Athen angekommen bin, da holte mich ein Vorwurf ein, den ich oft als Kind zu hören bekommen habe. Damals hieß es, ich sei egoistisch, wenn ich für mich und meine Bedürfnisse einstand. Und nun frage ich mich: ›Wie egoistisch darf ich eigentlich sein? Darf ich die Zeit und meinen Aufenthalt hier genießen? Darf ich überhaupt hier sein? Mich nur um mich kümmern? Darf ich Fin mit der Arbeit und den Kindern allein lassen? Steht mir das alles zu? Oder nichts davon?‹«

»Also für mich ist die Sache sonnenklar«, erwidert Sophie prompt. »Du musst selbstverständlich so schnell wie möglich wieder zurück nach Hause und Fin unterstützen. Klar darfst du dir auch mal eine Pause gönnen, aber jetzt gerade gibt es einfach zu viel zu tun. Du musst zurück und die Dinge regeln.«

Judith winkt mich zu sich. »Erinnere dich daran, warum du hier bist und weshalb wir uns getroffen haben«, flüstert sie mir zu. »Du hast dich zusammen mit mir an all das erinnert, was du aufgegeben hast. Vielleicht ist die Zeit für Veränderung gekommen, und du findest einen anderen Weg zu Fin zurück. Die immer gleichen Pfade führen zu den immer gleichen Zielen. Du fühlst dich an seiner Seite einsam und unverstanden. Das wird so bleiben, wenn du nichts änderst.«

»Hey! Was gibt es denn da zu flüstern?«, geht Sophie dazwischen.

»Nichts«, erwidert Judith. »Ich habe ihr nur gesagt: ›Der Kopf ist rund, damit das Denken auch mal die Richtung ändern kann.‹« Sie zwinkert mir zu. »Außerdem sind noch nicht alle von uns hier versammelt. Lisa sollte auch ihre anderen Anteile kennenlernen, nicht nur diejenigen, die hier gerade auf sie einreden.«

Ich sehe, dass Sophie Luft holt, um Judith eine deftige Erwiderung entgegenzuschmettern, aber dazu kommt es nicht.

»Ganz recht, uns gibt es nämlich auch noch!«, meldet sich eine Frau in Nonnentracht zu Wort. Sie wirkt gehetzt und klingt, als wäre sie verstimmt darüber, dass unser Gespräch ohne sie begonnen hat.

»Theresa! Na endlich! Da bist du ja!«, ruft Sophie ungnädig. »Wo hast du dich nur wieder herumgetrieben?«

»Na, hör mal! Ich muss doch sehen, wo ich gebraucht

werde!«, antwortet Theresa unwirsch. Sie müht sich mit einem großen und sperrigen Rollstuhl ab, den sie schwer atmend vor sich herschiebt. Eine alte Frau lässt sich darin herumkutschieren.

»Das sind jetzt leider nicht die leisen und zurückhaltenden Damen deines Ichs«, stöhnt Judith. »Die beiden haben uns gerade noch gefehlt. Unter uns gesagt, sind sie ein besonders toxisches Team.«

Die Alte ist mit goldenem Schmuck behängt und hat in der einen Hand eine Zigarette, in der anderen ein gut gefülltes Whiskyglas. Ihr blond gefärbtes Haar ist hinten zu einem Dutt zusammengebunden. Der graue Ansatz am Scheitel sticht hervor. Sie trägt ein schwarzes Kostüm und dicke Strumpfhosen. Die Lippen sind großzügig mit orangefarbenem Lippenstift bemalt. Bestimmt soll er kaschieren, dass sie ohne Schminke einen sehr verbissenen Eindruck machen würde. Zigarettenrauch vernebelt ihr Gesicht. Als sie von einem Hustenanfall geplagt wird, versucht sie, die Rauchwolke zur Seite zu wedeln, um sich Luft zu verschaffen, allerdings ohne Erfolg.

»Ich hätte mir denken können, dass die Alte es sich nicht nehmen lässt, ihr Spinnennetz auszuwerfen«, schimpft Judith flüsternd.

»Wer ist denn die Kettenraucherin?«, will ich wissen. Der Gedanke, dass auch diese griesgrämige Vettel ein Teil meiner Persönlichkeit sein könnte, amüsiert und ängstigt mich.

»Das ist Cassandra, dein furchtsames Ich, also deine Schwarzseherin. Sie erscheint immer, wenn die Macht der

Herrscherin in Gefahr ist. Dann eilt sie Sophie zu Hilfe, indem sie dir deinen Untergang prophezeit.«

Ich betrachte die Alte. Sie muss einmal eine sehr hübsche Frau gewesen sein. Aber ein von Angst bestimmtes Leben hat sich in ihre Gesichtszüge eingegraben. Ihr einst schönes Antlitz wirkt verhärmt und schmerzverzerrt. Ihr Blick ist finster und hoffnungslos. »Warum sitzt sie im Rollstuhl?«

»Sie ist gelähmt vor Angst«, antwortet Judith. »Sie kommt mit ihren Ängsten nicht zurecht. Also flüchtet sie sich in unzählige Zigaretten und harte Drinks.«

»Dass sie ein Teil von mir sein soll, ist erschreckend«, sage ich.

»Erschreckt sie dich nur, oder empfindest du auch Mitgefühl?«

»Ich möchte vor allem nicht so werden wie sie.«

»Du meinst, du willst kein solches, von Angst bestimmtes Leben führen?«

»Auf keinen Fall.«

»Und wie wirst du das anstellen?«, fragt Judith.

»Keine Ahnung, aber ich muss sie irgendwie loswerden«, überlege ich und merke, wie mich sofort ein Gefühl der Angst beschleicht. Ich kann rein gar nichts dagegen tun, dass es mir langsam, aber stetig in die Knochen kriecht.

Judith sieht es mir an. Sie lächelt verständnisvoll. »Kann es sein, dass du gerade Angst vor der Angst hast?«

»Ist nicht zu übersehen, oder?«, antworte ich kleinlaut.

»Dann wende dich der Angst zu und schau dir gemeinsam mit Cassandra an, wovor sie sich so fürchtet. Sie möchte, dass du ihre Prophezeiungen beachtest. Und sie ernst nimmst. Wenn du erkennst, dass sie sich umsonst sorgt und ihre apokalyptischen Fantasien nicht zutreffen, weil es eben nur Fantasien sind, dann kannst du sie beruhigen. Du solltest ihr außerdem dafür danken, dass sie so gut auf dich aufpasst.«

»Wie kann es sein, dass sie und ihre Angst so plötzlich und wie aus dem Nichts auftauchen?«, frage ich.

»Cassandra ist sehr wachsam und feinfühlig. Wenn sie gebraucht wird, spürt sie das sofort. Und sie liegt immer auf der Lauer.« Judith deutet auf ein Podest, das etwas versteckt in einer dunklen Ecke der Eingangshalle steht. Ein Schild erklärt, dass es sich um eine Szene aus dem Theaterstück ›Die Troerinnen‹ von Euripides handelt, das hier mit lebensgroßen Wachsfiguren nachgestellt wird. Alle Troerinnen sind düstere Gestalten.

»Normalerweise steht Cassandra auch auf dem Podest. Von da hinten aus kann sie jederzeit eingreifen. Und das tut sie, sobald Sophie das Mosaik betritt, um dich zu beeinflussen. Ein Fingerzeig von Cassandra genügt, und schon ist Theresa mit ihrem Rollstuhl zur Stelle.«

»Wenn du es mir erklärst, klingt es ganz logisch, und sofort verliert die Angst ihren Schrecken«, sage ich. »Aber wenn ich allein bin, fällt es mir schwer, mit meinen Ängsten verständnisvoll und souverän umzugehen.«

»Bedenke immer, dass selbst Cassandra eine gute Seite hat. Indem sie dich warnt, lässt sie dich bei echten Gefahren wachsam sein. Du darfst es nur nicht so weit kommen lassen, dass sie dich überwältigt und in den Abgrund zieht. Das lähmt dich ebenso, wie es sie lähmt. Aber eine solche Gefahr besteht nur, wenn du deine Angst unterdrückst, denn dann wird Cassandra ungemütlich und muss sich Gehör verschaffen.«

Ich überlege, wie sehr Cassandra sich in meinem Leben bisher Gehör verschafft hat. Kann es sein, dass ich gegenüber Fin mein Herz nicht aus Pragmatismus verschlossen habe, sondern aus Angst? Habe ich mich an ihn und seine pragmatische Art angepasst, meine Träume aufgegeben und meine Bedürfnisse ignoriert, nur weil ich Angst hatte, ihn zu verlieren? Wollte ich mich unsichtbar machen? Oder wenigstens nicht auffallen?

»Es ist schmerzhaft, sich der Wahrheit zu stellen, aber auch erleichternd«, fährt Judith fort, die in meinem Gesicht lesen kann wie in einem offenen Buch.

Ich nicke. Sie hat recht, die Wahrheit kann zuerst wehtun, dann aber wirkt sie befreiend. Alles setzt sich logisch und Stück für Stück wie ein Mosaik zusammen. Während mein vielfältiges Ich sich vor mir präsentiert, bekomme ich einen lebendigen Eindruck und damit ein klares Gefühl für mich selbst. Langsam beginne ich, meine inneren Vorgänge und die Zusammenhänge von Ursache und Wirkung zu begreifen. »Was ist mit Theresa, dieser Nonne?«, frage ich.

»Sie ist dein helfendes Ich, deine Retterin«, antwortet Judith. »Sie kümmert sich oft und gern um Cassandra. Das heißt, eigentlich immer. Die beiden inspirieren sich gegenseitig.«

»Wie das?« Ich beobachte, wie sich Theresa abschuftet. Sie stöhnt leise und kann sich kaum auf den Beinen halten. Mit krummem Rücken bemüht sie sich, den alten, schweren Rollstuhl vorwärtszuschieben.

»Cassandra sorgt dafür, dass Theresa immer über ihre Grenzen geht«, erklärt Judith.

»Das sehe ich. Der Rollstuhl ist viel zu schwer für die arme Frau!«

Ich will Theresa helfen, aber Judith hält mich zurück. »Sie ist erschöpft, macht aber dennoch immer weiter.«

»Das kenne ich nur zu gut.«

Sie nickt. »Auch dich lässt deine Angst oft über deine Grenzen gehen. Du denkst, je mehr du für andere tust, desto mehr wirst du auch geschätzt und geliebt, nicht wahr?«

Sie sieht mir an, dass sie richtigliegt.

»Theresa lässt dich genau das glauben. Aber sie irrt sich gründlich. Nur hat sie das noch nicht begriffen. Es ist jedoch für einen einzelnen Menschen unmöglich, das Elend der ganzen Welt zu schultern. Außerdem ist es sehr ungesund, die ganze Welt retten zu wollen. Und sie selbst will gar nicht gerettet werden.«

Judith winkt der gebrechlich wirkenden Frau im schwarz-weißen Habit zu.

»Hallo, Theresa, sollen wir dir mal helfen?«, fragt sie liebevoll.

Theresa schüttelt so entschieden den Kopf, dass ihre weiße Haube mitsamt dem schwarzen Schleier verrutscht. »Nein, nein, nein, ich schaff das schon allein!« Sie lacht, aber ihre Augen lachen nicht mit. Es sieht so aus, als wäre etwas in ihnen erloschen.

»Ich glaube, das Leben hat ihr viel abverlangt«, stelle ich fest.

»Oder sie hat sich selbst viel abverlangt«, erwidert Judith trocken.

»Du bist ungerecht. Tut sie dir denn gar nicht leid?«

»Doch, schon«, pflichtet Judith mir bei. »Aber ich hoffe, du tust dir auch selbst leid, denn Theresa ist nicht die Einzige, die den Blick auf andere Menschen gerichtet hat. Sie fordert das auch von dir. Sie will, dass du nur für andere lebst und dich für sie aufopferst. Mit der Herrscherin im Team verführt sie dich dazu, weit über deine Grenzen zu gehen.«

Perplex beobachte ich, wie sich die zierliche Theresa mit dem Rollstuhl abmüht.

»Vielleicht kannst du dich besser verstehen, wenn du sie genau ansiehst«, sagt Judith. »Theresa zeigt dir, wie erschöpft du eigentlich bist. Dennoch gehst du immer und immer wieder über deine Grenzen.«

»Ich setze mich für andere ein. Das ist doch gut, oder?«

»Ja, im Prinzip stimmt das. Aber dich dabei selbst zu vergessen und deine eigene Kraft und deine eigenen Bedürfnisse zu missachten, bringt weder dir etwas noch denen, für die du dich aufopferst. Die Einzigen, die neben dir selbst einen Anspruch darauf haben, dass du dich immer um sie kümmerst – zumindest, bis sie es selbst können –, sind deine Kinder. Und die sind jetzt bei Fin gut versorgt.«

»Ich bekomme aber auch viel zurück«, versuche ich mich zu rechtfertigen.

»Ich bin sicher, du weißt, dass das nicht stimmt«, entgegnet Judith. »Wenn du deine Hilfe an Bedingungen und Erwartungen knüpfst, dann endest du schnell im Hamsterrad. Du hoffst zwar darauf, dass man dich für deine Hilfe wertschätzt, aber wenn du diese Wertschätzung nicht bekommst, strengst du dich nur noch mehr an, um dein Ziel zu erreichen. Ist es nicht so, Lisa? Läufst du nicht ständig dem Lob und der Anerkennung all jener hinterher, für die du dich aufreibst?«

Ich schweige ertappt.

»Die Rechnung geht nicht auf, egal wie sehr du dich auch abmühst«, fährt Judith fort. »Wenn du Theresas Lockrufen weiter gedankenlos folgst, wirst du dich eines Tages so leer und ausgebrannt fühlen wie sie. Willst du das?«

»Ich weiß nicht mehr, was ich will«, flüstere ich überfordert.

»Weißt du denn noch, was du dir wünschst?«, hakt Judith nach.

Das durchdringende Organ von Sophie beendet abermals unser Gespräch. »Also für mich ist die Sache klar«, tönt die Königin. »Lisa muss nach Hause fahren. Das muss jetzt ihr innigster Wunsch sein.« Wieder richtet sie den Zeigefinger auf mich. »Alles andere wäre sehr egoistisch.« Sie wendet sich den anderen in der Runde zu. »Oder was sagt ihr dazu? Theresa? Cassandra? Jeanne?«

»So wird es gemacht!«, brüllt Jeanne und reckt kämpferisch die Faust in die Höhe.

»Seht ihr, Jeanne ist auch dafür!«, triumphiert Sophie.

»Aber wenn ich doch unglücklich bin«, klagt da eine leise Stimme, die aus einer dunklen Ecke der Eingangshalle zu kommen scheint.

Ich horche auf. »Wer ist das?«

Wieder dasselbe leise Klagen. »Ich bin so schrecklich unglücklich.«

»Hey! Klappe dahinten! Es ist völlig unwichtig, wie du dich fühlst!«, ruft Sophie.

»Wer ist das?«, wiederhole ich.

Sophie winkt ab. »Unwichtig. Wichtig ist nur: Fin braucht dich. Stell dir mal vor, jeder würde machen, was er will, nur weil er meint, unglücklich zu sein!«

»Da hat Sophie recht«, ereifert sich Theresa. »Du darfst nur jenes Glück für dich beanspruchen, das nicht auf Kosten der anderen geht. Alles andere wäre …«

»Schon gut, ich weiß, was du sagen willst«, unterbreche ich sie.

Meine Retterin in Nonnentracht ist mittlerweile gemeinsam mit Cassandra beim Mosaik angekommen und schiebt die Schwarzseherin im Rollstuhl zunächst auf ihren Platz, um danach ihren eigenen anzusteuern. Theresa ist allerdings so überanstrengt, dass sie sich kaum noch auf den Beinen halten kann. Am Kreis der Retterin angekommen, sinkt sie langsam auf die Knie.

»Liebe muss man sich verdienen, auch wenn sie hart erkämpft ist«, japst sie völlig außer Atem.

»Deine Aufgabe ist also klar«, stellt Cassandra an mich gewandt fest. Ihre tiefe, rauchige Stimme geht mir durch

Mark und Bein. »Wenn es mal nicht zu spät ist, um noch etwas zu retten. Ich sehe da schwarz für dich, Lisa. Fin wird dich verlassen, wenn du nicht schleunigst zurückkehrst und wenn du weiter nur an dich denkst.« Sie lacht heiser, nimmt einen tiefen Zug von der Zigarette und nippt an ihrem Drink. »Alle werden dich verlassen, wenn das so weitergeht. Sogar deine Kinder werden sich von dir abwenden, und am Ende wirst du mutterseelenallein auf der Welt sein. Ich wette, du wirst dich dafür hassen.«

Es scheint sie zu amüsieren, dass mir nun Tränen in die Augen schießen. Überhaupt hat ihre düstere Prophezeiung auf sie selbst eine belebende Wirkung.

Eingeschüchtert und auch ein wenig abgeschreckt von ihr, will ich mich abwenden, aber da kommt mir Judiths Rat in den Sinn. Es ist, als würde sie mir aus der Seele sprechen: »Rede mit ihr.«

Gerade will ich damit beginnen, da halten mich die donnernde Stimme Sophies und ein Hustenanfall Cassandras davon ab.

»Heulen hilft dir jetzt auch nicht weiter«, herrscht die Königin mich an. »Wie oft habe ich dir gesagt: ›Du musst dich mehr anstrengen! Du musst besser werden!‹ Unermüdlich habe ich dich ermahnt, aber du hast mir ja nicht richtig zugehört. Wenn du jetzt unglücklich bist, dann ist das ganz allein deine Schuld!«

»Aber ich habe doch gemacht, was du gesagt hast!«, entgegne ich mit leiser Verzweiflung.

Sophie schüttelt unwirsch den Kopf. »Wieso bist du dann hier? Wieso hat Fin sich dieser anderen Frau zugewandt? Ihr die Aufmerksamkeit geschenkt, die eigentlich dir zugestanden hätte?«

»Weißt du nicht, wie sehr diese Frage mich all die Jahre gequält hat?«, entgegne ich verletzt. »Leider habe ich keine Antwort darauf gefunden. Und das tut mir bis heute weh.«

»Rache!«, ruft Jeanne. »Ich werde alle Türen, jeden kleinsten Zugang, jede noch so winzige Luke zu deinem Herzen verriegeln, Lisa. Fin soll nichts mehr von deiner Liebe bekommen, bis diese Sache gesühnt ist!«

»Nicht so stürmisch, Jeanne«, versucht Judith die Kriegerin zu beruhigen.

»Aber ich bin wütend!« Jeanne stampft mit dem Fuß auf.

»Du kannst nicht immer kämpfen«, sagt Judith beschwichtigend. »Hör nicht auf Sophie. Lass dich von ihr nicht instrumentalisieren. Ihr beide zusammen sorgt nur für Zerstörung. Denn es wird nicht funktionieren, alles im Kampf zu regeln. Das wird Lisa nicht glücklicher machen und kostet zu viel Kraft. Verteidige Lisas persönliche Grenzen, aber nicht, indem du blind um dich schlägst. Und auch nicht, indem du deine Kraft wütend gegen sie selbst oder gegen andere richtest, sondern indem du der Wahrheit ins Auge blickst und dich auf deine eigentliche Aufgabe besinnst.«

»Ich will Lisa doch nur beschützen«, klagt Jeanne.

»Genau, aber du kannst die Grenzen weich setzen, anstatt hart und wütend. So hinterlässt du keine Spuren der Verwüstung. Weder in Lisas Innerem noch im Außen bei anderen. Sieh dich nur an, wie müde du eigentlich bist.«

Jeanne braucht einen Moment, um Judiths Worte zu verdauen. »Da hast du recht«, lenkt sie ein und ist plötzlich nachdenklich. »Ich muss immer so schrecklich wütend sein, das macht mich ganz fertig.« Sie geht in die Hocke und stützt den Kopf in ihre Hände. »Ich glaube sogar, ich bin des Kämpfens müde«, gesteht sie nach einer Weile.

»Meine Kriegerin ist ja vollkommen erledigt, Judith«, stelle ich erstaunt fest.

»Vielleicht ist nun der richtige Moment gekommen, um den Weg der Achtsamkeit zu gehen …«, schlägt Judith vor.

»Ach was!«, bellt Königin Sophie. »Dieses Achtsamkeitsgequatsche ist langweilig, und es nervt, Judith. Der Alltag muss funktionieren, da hilft es nicht, über Befindlichkeiten zu palavern.«

»Aber ich würde schon gern etwas achtsamer mit mir umgehen«, melde ich mich zaghaft.

»Was willst du denn tun?«, donnert Sophie. »Durch den Wald gehen und an nichts denken? Wie sollen wir das bei deinem vollen Tagespensum noch unterbringen?«

»Aber ich habe das Gefühl, Achtsamkeit ist wichtig«, protestiere ich.

»Achtsamkeit ist nur ein anderes Wort für Müßiggang, und dafür hast du einfach keine Zeit, Lisa. Kontrolle und Disziplin sind die Wege zum Erfolg. Bist du besser als die anderen, dann kann dir nichts passieren. Zudem lieferst du niemandem einen Grund, dich abzulehnen. Du musst schon ackern, um die Nummer eins zu werden. Du darfst keine Schwächen zeigen. Ich weiß, wovon ich rede, denn glücklicherweise habe ich keine Schwächen. Und nun sieh mich an, Lisa. Werde ich abgelehnt?«

Herausfordernd schaut sie in die Runde. »Na? Will mich vielleicht eine von euch ablehnen?«

Stille.

»Siehst du, Lisa, mich lehnt keiner ab, weil ich nämlich keine Schwächen zeige. Also streng dich an und mach weiter wie bisher. Einfach weitermachen, das ist das Rezept.«

Selbstzufrieden streicht Sophie ihr Kleid glatt, während ich mich frage, ob sie recht hat. Benehme ich mich gerade wie ein unreifer Teenager? Habe ich falsche romantische Vorstellungen?

»Ja, du benimmst dich wirklich gerade sehr unreif«, bestätigt Sophie meine Gedanken. »Du musst endlich erwachsen werden. Und vor allem darfst du keine Zeit mehr verlieren. Also Schluss jetzt mit Trödelei und Achtsamkeitsflausen.«

Ich merke, dass ich zu nicken begonnen habe. Es stimmt, Fin und ich sind gute Eltern und ein gutes Team. Was bedeutet da schon Glück? Wird es nicht völlig überschätzt? Zufriedenheit ist ausreichend, da hat Fin schon recht. Wir haben ein Dach über dem Kopf und genug zu essen.

»Ihr habt recht. Ich muss mich zusammenreißen. Ich bin eine erwachsene Frau. Ich kann mir solche Flausen nicht leisten. Ich muss funktionieren, das ist die Hauptsache«, fasse ich zusammen.

»Und es ist auf jeden Fall sicher«, bestätigt Rosa meine Entscheidung.

Sophie nickt zufrieden und klatscht kurz in die Hände. »Erst die Pflicht, dann die Kür. Bravo, Lisa.« In überheblichem Ton fügt sie hinzu: »Das wurde aber auch langsam Zeit.«

Ich sehe, dass Judith die Schultern hängen lässt. Ihre blauen Augen sehen traurig aus.

»Wolltest du nicht herausfinden, wer du nach all den Jahren mit Fin noch bist? Nur wenn du weißt, wer du bist, kannst du dich und andere verstehen. Erinnere dich. Du bist nach einer halben Ewigkeit endlich wieder einem leisen Ruf aus deinem Inneren gefolgt, nämlich meinem. Deshalb sind wir uns doch begegnet, Lisa.«

Sie steht da, ihr Bündel in den Händen, und wirkt klein und zerbrechlich. Ich kann nicht anders, als sie in die Arme zu nehmen. Meine liebe Judith, meine Schöpferin. Sie gibt nicht auf. Ich lächele ihr liebevoll zu.

»Vergiss es, Judith«, hetzt in diesem Moment Cassandra und wedelt Zigarettenrauch weg. »Das Schiff deiner Achtsamkeit ist gerade an der königlichen Klippe zerschellt und sinkt nun wie ein Stein auf den Grund des Meeres.«

»Es reicht, Cassandra! Stopp!«, faucht Judith zurück. »Deine Schreckensbilder und Drohungen setzen Lisa vielleicht unter Druck, aber nicht mich. Also halte dich gefälligst zurück!« Ihre harsche Reaktion überrascht nicht nur mich, sondern auch die anderen Anwesenden. Ich hätte nicht erwartet, dass diese liebe Frau so ungemütlich werden kann. Doch ihre Härte verwandelt sich augenblicklich wieder in Gutmütigkeit. »Lisa«, bittet sie mich flehentlich, »denk daran, worüber wir im Sandsteinhaus gesprochen haben, bevor du dich entscheidest.«

Ich streichle sanft ihre Hand. »Meine liebe Judith, du hast mir so viel Gutes geschenkt. Vor allem spüre ich in deiner Nähe Zuversicht und Vertrauen. Es war so schön, mit dir im Olivenhain zu sitzen und deinen Erinnerungen zu lauschen. Aber was soll ich machen? Diese Frauen hier haben recht. Ich muss meinen Pflichten nachkommen, und die kann ich nun mal nicht hier, sondern nur bei mir zu Hause erledigen.«

»Und unsere Pflichten sind immer wichtiger als wir selbst«, befindet Theresa zufrieden.

Ich schließe Judith nochmals in die Arme.

»Willst du das wirklich?«, flüstert sie mir ins Ohr. »Willst du wirklich zurück in dein altes Leben, ohne die Meinungen deiner anderen Anteile gehört zu haben?«

Ich spüre, wie mir erneut Tränen in die Augen treten. Und mein Herz beginnt zu schmerzen. Es fühlt sich so an, als würde es von einem großen Kummer zerdrückt werden. Während ich noch über das beklemmende Gefühl nachdenke, sehe ich plötzlich über Judiths Schulter hinweg, dass sich eine Gestalt schemenhaft aus dem Dunkel schält. Kurz darauf erkenne ich eine Frau, gehüllt in ein schneeweißes Tuch.

»Die Liebe«, flüstert Judith. »Endlich.«

Lange, goldene Haare fließen über ihren Rücken und ihr Gesäß. Sie bleibt im Halbschatten jener dunklen Ecke des

Raumes stehen, von der aus sie unbemerkt unsere Diskussion verfolgt haben muss. »Das ist also die Göttin der Liebe«, flüstere ich erstaunt und löse mich von Judith. Dann schaue ich fragend in ihre blauen Augen. Auch sie ist den Tränen nahe und nickt glücklich.

»Wo kommt diese Frau plötzlich her?«, frage ich sie überrascht.

»Es war wohl dein schmerzendes Herz, das sie gerufen hat«, antwortet Judith.

Ich blicke zu der Göttin im Halbdunkel, die mir nun zunickt.

»Komm mit mir«, sagt sie freundlich.

DIE FRAUEN DES OLYMPS

Ich würde der Göttin in Weiß gern folgen und mache deshalb einen Schritt auf sie zu, aber meine Gefangene schlägt Alarm.

»Lisa, das kannst du nicht machen!«, ruft Rosa. »Du kannst doch nicht einfach weggehen! Du musst hier bei uns bleiben.«

»Rosa hat wieder einmal recht«, bestätigt Sophie. »Wir waren doch gerade auf einem guten Weg, um deine Probleme in den Griff zu kriegen …«

»So wirst du alles kaputt machen«, pflichtet Cassandra ihr bei. »Wenn du mich fragst, ich sehe endgültig schwarz für dich.«

»Das stimmt! Denk an Fin! Denk an die Kinder!«, ruft Theresa, den Tränen nahe. »Sie brauchen dich, und das ist das Einzige im Leben, was zählt. Wenn man gebraucht wird, dann wird man nämlich auch geliebt.«

»Du hörst es ja, Lisa«, sagt Sophie. »Niemand hier ist der Ansicht, dass du dich mit Liebe und Achtsamkeit herumschlagen solltest. Das Leben ist auch so schon schwer genug. Also reiß dich endlich zusammen und gehe jetzt zurück zu deiner Familie.«

Ich blicke zu der goldhaarigen Göttin und spüre dabei

eine unerklärliche Sehnsucht in mir aufkeimen. Ein glockenheller Gesang, leise wie ein Windhauch, weht durch den Saal. Täusche ich mich, oder singt da wirklich jemand? »Hörst du das auch?«, frage ich Judith ergriffen.

Der Gesang verebbt in diesem Moment. So plötzlich und unerwartet, wie er gekommen ist, so verhallt er auch wieder in den Weiten des Museums. Doch nun tritt die Göttin mit den goldenen Haaren aus der Dunkelheit hervor. Vielleicht weicht auch die Dunkelheit vor ihr zurück, so genau kann ich das nicht sagen. Jedenfalls geht von ihr plötzlich ein goldenes Licht aus, das die Eingangshalle durchflutet, als würde gerade die Sonne aufgehen. Ich spüre die große Anziehungskraft der Frau in Weiß. Langsam kommt sie näher und nimmt mich schließlich zärtlich bei der Hand.

Ihre Berührungen sind ebenso warm und angenehm wie das Licht, das von ihr ausgeht, kaum mehr als ein Streicheln. Ihre Bewegungen sind weich und fließend. Sie löst große und schöne Gefühle in mir aus, die wie ein goldener Lavastrom durch meinen Körper fließen. All meine Ängste und jegliche Zweifel nimmt dieser Strom mit sich und zerreibt sie mit seinen feinen Goldpartikeln, bis sie sich im Nichts auflösen.

»Ich bin Aphrodite, dein liebendes Ich«, stellt sie sich mir vor. »Ich zeige dir jetzt, wo deine Träume sind.«

»Was war das eben für ein Gesang?«, frage ich.

»Das war Lore, dein sehnsuchtsvolles Ich. Sie ruft nach dir und hofft, von dir befreit zu werden. Ich führe dich gern zu ihr und zu all deinen anderen, wunderbaren Stimmen.«

»Wo sind sie?«

»Ganz in der Nähe«, verspricht die weiße Göttin. »Wir sind immer in deiner Nähe.«

»Das kannst du nicht machen«, höre ich Rosa nun atemlos flüstern.

»Das wird böse enden«, unkt Cassandra.

»Du hörst es ja«, setzt Sophie nach. »Dein Platz ist bei deiner Familie. Basta.«

Hilfesuchend schaue ich zu Judith.

»Du solltest jetzt eine Entscheidung treffen«, empfiehlt mir die weise Schöpferin.

Ich blicke wieder zu den Frauen im Kreis, und dabei fällt mir auf, dass Jeanne schon länger nichts mehr gesagt hat. Sie steht mittlerweile mit hängenden Schultern da und wirkt in sich gekehrt. »Jeanne?«, spreche ich sie an.

Sie strafft sich. »Ja, ich bin bereit und immer für dich da. Das ist meine Aufgabe.«

»Du hast dazu noch gar nichts gesagt«, stelle ich fest. »Was denkst du als Kriegerin?«

»Ich warte«, antwortet Jeanne.

»Worauf?«, will ich wissen.

»Na, auf deine Befehle. Wenn du nach Hause gehen willst, dann kämpfe ich dafür. Wenn du hierbleiben willst, dann setze ich mich dafür ein. Und wenn du dich Aphrodite anschließen willst, bin ich auch dabei und werde mich dafür starkmachen.«

»Moment mal, Jeanne«, mischt Sophie sich ein. »Waren wir uns nicht einig, dass Lisa sofort zurück zu Fin und den Kindern fahren sollte?«

»Eben wollte es Lisa ja auch noch …«, beginnt Jeanne.

»Dann halte dich gefälligst an den Plan«, herrscht Sophie sie an.

Ich sehe, dass Jeanne plötzlich ihre Schultern strafft, die Fäuste in die Hüften stemmt und tief Luft holt. Es ist, als wären ihre Lebensgeister zu ihr zurückgekehrt. Sie hat wieder die Entschlossenheit der Actionheldin, die mich anfangs so beeindruckt hat. »Hör mal gut zu, Sophie. Ich bin nicht deine Kriegerin, ich bin die Kriegerin von Lisa. Und nur Lisa kann mir sagen, was ich zu tun und zu lassen habe. Ist das klar?«

Ich werfe Judith einen erstaunten Blick zu. Sie quittiert ihn mit einem Lächeln.

»Sollen wir dann gehen?«, fragt mich die Göttin.

Ich nicke.

»Danke, Jeanne!«, rufe ich meiner Kriegerin zu. »Danke euch allen. Ich weiß, ihr wollt nur mein Bestes. Aber ich habe beschlossen, Aphrodite zu folgen. Wartet bitte hier auf mich. Ich bin gleich wieder da.«

Sophie hebt erstaunt eine Augenbraue, sagt aber nichts. Auch Cassandra und Theresa schweigen, die eine verstockt, die andere erschrocken. Rosa duckt sich hinter ihrem Gitter weg, als wolle sie lieber nicht sehen, was jetzt passiert. Jeanne hingegen reckt bester Laune eine Faust in die Höhe und nickt mir aufmunternd zu.

»Gut. Gehen wir«, sage ich zu Aphrodite und folge der Göttin, ohne mich noch einmal umzusehen. Nur Judith, die ich untergehakt habe, bleibt an meiner Seite. Sie wirkt zufrieden und gelöst.

Von der Eingangshalle aus gehe ich mit Judith und Aphrodite einen langen Flur entlang, der uns schließlich in einen unterirdischen Gewölbekomplex führt. Die Gänge sind schmal, und die Decke ist so niedrig, dass ich mich an einigen Stellen bücken muss, um nicht mit dem Kopf anzustoßen. Es riecht modrig. Überall hängen Spinnweben, und obwohl das alte Gemäuer mit seinen verzweigten Gängen und dunklen Kammern etwas sehr Unheimliches hat, habe ich keine Angst, denn Aphrodite strahlt immer noch wie die schönste Morgensonne. Mit ihrem sanften Licht der Liebe führt sie uns nicht nur sicher durch die dunklen Gänge, sie lässt auch das Gefühl von tiefem Vertrauen in mir leuchten.

Abrupt endet der Gang vor einer verschlossenen Flügeltür. Als Aphrodite sie berührt, wird sie von einem heftigen Windstoß aufgedrückt und öffnet sich knarrend zu beiden Seiten.

Was ich nun sehe, raubt mir den Atem. Vor uns liegt eine paradiesische Landschaft mit Wasserfällen, Seen, baumbewachsenen Hügeln und schroffen Felsen. Wie alles in diesem Museum ist es zwar nur eine realitätsnahe Installation, aber in diesem Saal haben sich die Architekten und Techniker selbst übertroffen. Richtet man den Blick nur auf die Landschaft und vergisst für einen Moment, dass sie von den Mauern des Museums begrenzt wird, dann ist die Illusion perfekt.

Ein Wasserfall rauscht über mehrere Felsplateaus hinab in die Tiefe, um schließlich in einen smaragdgrünen See zu münden. Eingerahmt wird dieser See von Hügeln, auf

denen urwüchsige Bäume wachsen. Manche der Baumspitzen ragen bis in die gläserne Museumskuppel hinein. Darüber thront der sternenklare Nachthimmel.

Dicke Lianen hängen von den mächtigen Bäumen herab. Alles ist hier üppig und geheimnisvoll. Ein verwunschener Urwald, mitten im Museum, bevölkert von bunten Paradiesvögeln, Papageien und Flamingos. Lampions tauchen diese faszinierende Welt in ein warmes Licht, es herrscht eine sommerlich anmutende Abendstimmung.

»Wo bin ich hier?«, frage ich beeindruckt.

»Das ist das Elysium«, antwortet Aphrodite.

»Elysium«, wiederhole ich nachdenklich. Ich habe diesen Namen schon einmal gehört, weiß aber gerade nicht, in welchem Zusammenhang.

Erstaunt zieht sie eine Augenbraue hoch. »Du hast das Elysium vergessen?«

»Ich weiß nicht. Schon möglich. Der Name kommt mir bekannt vor, aber ich erinnere mich nicht, schon einmal hier gewesen zu sein. Was ist das Elysium?«

»Es ist dein Paradies. Die Insel der Glückseligen. Hier befinden sich jene Teile deiner Persönlichkeit, die wir Göttinnen lieben. Es ist ein Ort des Glücks und der Unsterblichkeit.«

»Mein Paradies?«

»Nur zu!«, fordert sie mich auf. »Geh hinein, dann wirst du spüren, wie es sich anfühlt, völlig glücklich zu sein.«

Zaghaft mache ich einen Schritt nach vorn. Kaum habe ich die Türschwelle zum Elysium überschritten, da stehe ich auch schon inmitten eines bunten Treibens, das meine

Sinne flutet. Das Vogelgezwitscher, das Rauschen des großen und das Plätschern der kleinen Wasserfälle, all das verzaubert mich augenblicklich. Zudem ist da noch dieser betörende Duft, ein klarer und frischer Hauch, wie ihn ein Wald nach einem heftigen Regenguss verströmt.

Aphrodite setzt sich auf einen Felsen, der die Form einer Jakobsmuschel hat, und taucht ihre Füße ins Wasser.

»Komm, setz dich zu mir!«, lädt sie mich ein und klopft sachte auf den freien Platz neben sich. Ich folge ihrer Einladung, ziehe mir rasch die Schuhe aus und lasse meine Füße ebenfalls ins Wasser gleiten. Es ist erfrischend, kalt wie ein Bergsee und so rein und klar, dass ich bis auf den Grund blicken kann.

»Na, was sagt dein Herz zu mir und diesem Ort?«, fragt Aphrodite.

»Es ist so schön, dass mir die Worte fehlen, um es zu beschreiben«, sage ich.

»Und nur so ist es richtig«, antwortet sie lächelnd. »Sieh mich an, ich bin die Liebe. Und kein Wort der Welt kann mich beschreiben. Schon seit Jahrtausenden versucht man, mich zu ergründen. Ich werde besungen und beschworen, man schreibt lange Romane und gefühlvolle Gedichte über mich. Und dennoch hat kein Verstand, auch wenn er noch so klug war, mich jemals ganz erfassen können. Denn es ist, wie du sagst. Was ich in dir auslöse, ist unbeschreiblich. Du kannst mich nur mit deinen Sinnen erfassen und mit deinem Herzen sehen. Ich kann dich mit meinem Licht umhüllen und dich erfüllen. Die Liebe ist frei und rein. Sie kennt keine Umwege, keine

Schwierigkeiten, sie hat weder Vorbehalte noch Hintergedanken.«

»Ich glaube, ich kann dir nicht ganz folgen«, gebe ich überfordert zu.

»Doch, du tust es schon die ganze Zeit, indem du mir folgst, ohne mich ergründen zu wollen. Denn ich bin einfach nur da. Ich will nichts, ich stelle keine Bedingungen. Weder bin ich eifersüchtig noch hege ich Besitzansprüche. Auch kritisiere ich dich nie. Oder hast du Angst, ich könnte dich bewerten?«

»Nein, eher im Gegenteil. Ich fühle mich frei und …«, ich suche nach dem richtigen Ausdruck, obwohl ich weiß, dass alle Worte dieser Welt mein Gefühl nicht beschreiben können, »ich fühle mich wie verzaubert.«

»Das ist gut«, lächelt sie zufrieden. »Ich hab schon oft gehört, dass in mir ein Zauber wohnt«, fügt sie hinzu. »Und ich zaubere gern – wenn du es zulässt. Ich tröste dich, wenn du traurig bist, und ich kann die dunklen Schatten in deinem Herzen heller werden lassen, wenn du mich gewähren lässt. Ich kann dir alles verzeihen. Und zusammen können wir allen anderen alles verzeihen.«

»Aber das habe ich in den letzten Jahren nicht getan, richtig?«

Sie nickt. »Ich war eingesperrt und konnte mich in dir nicht frei entfalten. Oder sagen wir besser, ich konnte mich nicht so frei bewegen, wie ich es gern getan hätte. Ich durfte zwar mit dir bei deinen Kindern sein. Das hast du immerhin erlaubt, und mit ihnen blitzten auch Momente von Glück und Freude in deinem Leben auf. Aber wenn du mit dir allein oder mit Fin zusammen warst, hattest du die Tür zu deinem Herzen fest verschlossen. So konnte ich weder in dir strahlen noch die Welt um dich herum erstrahlen lassen. Du hast auf mein Sonnenlicht verzichtet, und die Farben in deinem Leben haben sich allmählich verändert und deine Umgebung für dich grau und eintönig erscheinen lassen.«

»Das war der Grund, warum ich mich einsam und traurig gefühlt habe? Weil ich dir den Zugang versperrt und mich selbst dadurch um deine Kraft und dein Licht gebracht habe?«

»Ja. Denn schau dich um. Sieh dir an, welche Pracht in dir steckt, was für ein lebendiges und farbenfrohes Treiben dich erfüllt und dein Herz bewegt. Wenn ich dein Herz durchfluten und in dir fließen darf, gibt dir das eine unbändige Kraft, das kann ich dir versprechen.«

»Aber warum ist es mir nicht gelungen, dich zu befreien?«

»An mir lag es nicht«, antwortet sie lachend. »Ich habe dich immer und immer wieder aufgefordert, in dich hineinzuhorchen und auf dein Herz zu hören – oder dich zumindest zu fragen, was dein Herz gern tun würde. Aber du hast mich versteckt und mein Flehen überhört.« Sie hebt das Kinn und ihre langen Haare fließen in ihren Nacken. Spielerisch lässt sie die Füße im Wasser kreisen.

Ich schaue ihr bewundernd zu. Alles an ihr und alles, was sie tut, ist voller Sinnlichkeit. Wie konnte ich sie nur vergessen? Es ist ein Vergnügen, sie zu fühlen. Zu erleben, was sie in mir auslöst, und ihr zuzuschauen, wie sie sich selbst und die Welt um sich herum genießt.

Sie dreht sich zu mir und lächelt. »Ich weiß, was du denkst, und es stimmt. Mit mir hast du zu allem Zugang, was dich glücklich macht. Trennst du dich von mir und kappst die Verbindung zu deinem Herzen, dann verlierst du den Bezug zu deinen Gefühlen, und allein der Verstand muss dein Leben bestimmen. Das ist sehr anstrengend.«

»Und auf diese Weise können die Herrscherin und die Schwarzseherin dich leichter manipulieren«, schaltet Judith sich ein. »Du hast ja eben zu spüren bekommen, was es bedeutet, von ihnen bedrängt zu werden. Was für einen Druck sie in dir auslösen können.«

»Ich weiß, aber sie sind so vehement und rücksichtslos, so stark in ihren Aussagen und Drohungen, dass ich im Augenblick der Schwäche leicht einzufangen bin. Ich fühle mich dann wehrlos. Also bisher war es so, deswegen möchte ich noch all die anderen Ichs in mir kennenlernen.«

Judith nickt verständnisvoll. »Es ist wichtig, dass du weißt, welchen Einfluss sie auf dich haben. Aber ebenso wichtig ist es, dass du lernst, uns alle in ein Gleichgewicht zu bringen, das dich glücklich und zufrieden macht. Wenn du Aphrodite und mich an deiner Seite hast, musst du Cassandra und Königin Sophie nicht aus deinem Leben verbannen. Dann kann ein Gleichgewicht zwischen deinem Herzen und deinem Verstand entstehen, denn du sorgst dafür, dass deine Autoritäten deine Herzstimmen nicht ignorieren. Alle deine Frauen müssen sich untereinander austauschen, wenn du es willst.«

Judith hat ihre Schuhe ausgezogen. Nun gesellt sie sich zu uns, um ebenfalls die Beine im Wasser baumeln zu lassen.

»Das tut gut«, sagt sie. »Einfach himmlisch. Meine armen, alten Füße sind es nicht mehr gewohnt, so lange unterwegs zu sein.« Sie bemerkt, dass ich nachdenklich bin. »Du denkst an Fin, nicht wahr?«

Ich nicke. »Ich frage mich, ob meine Liebe für Fin auch dann mit voller Kraft durch mein Herz fließen kann, wenn er sich nicht so verhält, wie ich es mir von ihm wünsche und es von ihm brauche.«

»Aber natürlich kann sie das!«, antwortet Aphrodite. »Fin ist doch nicht für die Erfüllung deiner Bedürfnisse zuständig. Das bist du selbst. Und es gibt noch einen wichtigen Punkt, den du bedenken solltest. Nur sein Verhalten hat dich verletzt …«

»Ja, genau das ist das Problem«, bestätige ich. »Er hat mich mit seinem Verhalten sehr verletzt.«

»Es war sein Verhalten, das dich verletzt hat, aber hat er dich auch als Mensch enttäuscht?«

»Ist das nicht ein und dasselbe?«, frage ich.

Aphrodite schüttelt den Kopf. »Ob du von einem Menschen enttäuscht bist oder nur von einer seiner Taten, das sind zwei völlig verschiedene Sachen. Fin hat einen Fehler gemacht, aber dieser Fehler ist kein Charakterfehler. Er ist immer noch der Gleiche. Und er ist geblieben. So wie auch deine Liebe ihm gegenüber geblieben ist. Du lässt sie nur nicht zu. Du hast die Tür verriegelt und mich, deine Liebe, eingesperrt. Aber ich kann nur strahlen, wenn ich in dir fließen darf. Sieh mich an, ich bin immer da! Und ich erwarte nichts von dir und auch nichts von anderen. Egal was die anderen über dich sagen, ich lasse dich strahlen und gebe dir das Gefühl, schön und begehrenswert zu sein. Du darfst dich nur nicht gegen mich wehren, mich einsperren oder dich von dir selbst abkapseln. Ich finde dich schön, und das würde ich dir gern jeden Tag sagen.« Sie schließt mich in ihre Arme und gibt mir Geborgenheit wie eine Mutter ihrem Kind. Ich muss schluchzen, und der schwere Stein in meiner Brust löst sich auf und wird von meinen Tränen mitgerissen.

»Gib mir deinen ganzen Schmerz, gib ihn mir. Ich trage ihn für dich und löse ihn auf. Dich zu trösten, gehört auch zu meinen Aufgaben«, erklärt sie und streichelt sanft über meinen Rücken. »Ich kann dir eine Mutter sein. Ich gebe dir Halt, wenn du traurig bist, und Schutz und Geborgenheit, wenn du ängstlich bist. Ich bin deine mütterliche Liebe und deine Liebe zu dir selbst. Gleichzeitig bin ich auch die Verführerin in dir.«

»Die Liebe zu mir selbst«, wiederhole ich nachdenklich.

»Ja. Was ist daran so erstaunlich?«

»Ich habe auch diese Liebe schon länger nicht mehr gespürt.«

»Warum nicht?«

Ratlos hebe ich die Schultern. »Aus Angst, dass Selbstliebe egoistisch sein könnte? Vielleicht sogar ... narzisstisch?«

»Aber nein!«, ruft Aphrodite entsetzt. »Wer sagt denn sowas?«

Ich schweige betroffen.

»Egoismus und Narzissmus haben rein gar nichts mit mir zu tun«, fährt Aphrodite fort. »Im Gegenteil, sie entstehen, wenn ich nicht da bin, wenn man mich nicht beachtet und nicht fließen lässt. Das Wichtigste im Leben ist, mich zuzulassen.«

Judith sieht mich an, und ihre blauen Augen schauen mir tief in die Seele. »Du weißt, woran es liegt, dass Aphrodite sich in dir nicht frei bewegen kann, nicht wahr? Du kennst den inneren Widerstand, der dazu führt, dass du dein Herz verschließt.«

Ich nicke. »Durch Rosa habe ich herausgefunden, dass ein bestimmter Glaubenssatz mich daran hindert, die Tür zu meinem Herzen zu öffnen.«

Judith und Aphrodite warten geduldig, bis ich hinzufüge: »Ich bin nicht richtig.«

»Und das hat Rosa dir gezeigt?«, fragt Judith.

Ich nicke und merke, dass mir plötzlich ein weiterer Zusammenhang klar wird. »Glaubt ihr, wir könnten Rosa helfen?«

Judith und Aphrodite sehen sich an und scheinen mit mir sehr zufrieden zu sein.

»Aber natürlich kann ich ihr helfen«, antwortet Aphrodite. »Ruf mich an Rosas Seite. Wenn ich ihr Sicherheit gebe, wird sie die Gefängnisstäbe vielleicht loslassen können.«

»Und wie stelle ich das an?«, frage ich.

»Wenn du allen Frauen begegnet bist, ist es Zeit, sie zusammen in den Kreis des Mosaiks zu rufen«, erklärt

Judith. »Du wirst wissen, wann die Zeit gekommen ist.«

»Und du wirst dann auch wissen, was zu tun ist«, fügt Aphrodite hinzu. »Da bin ich mir ganz sicher.«

»Danke, Aphrodite! Du bist so groß und ...«, ich suche ein passendes Wort für meine Bewunderung.

»Allumfassend?«, fragt sie lächelnd. »Das ist gut, denn durch meine Augen siehst du und mit meinen Ohren hörst du anders.« Liebevoll nimmt sie Judith bei der Hand. »Und denk immer daran, wir beide sind ein unschlagbares Team in deinem Leben, Lisa.«

»Und wie kann ich dich rufen, wenn sich mein Herz wieder zu verschließen droht?«

»Atme goldenes Sonnenlicht ein und lenke es in dein Herz, halte zwei, drei Sekunden den Atem an, um dann alles, was dich belastet und beschwert, mit dem Ausatmen fortzuschicken.«

»Das klingt so einfach«, sage ich.

»So ist das, wenn ich bei dir bin. Alles wird einfach, denn die Liebe ist im Grunde ganz einfach«, erwidert Aphrodite. »Vertraue auf deinen Atem, Lisa. Der Atem kann uns miteinander verbinden.«

DAS LEBEN IST EIN KUNSTSTÜCK

Eine Zirkusartistin auf einem Trapez saust über unsere Köpfe hinweg. Sie trägt einen schwarzen Gymnastikanzug, der mit glitzernden Strasssteinen besetzt ist. Ihre schwarzen Haare sind mit bunten Bändern zu einem hohen Pferdeschwanz gebunden. Kaum ist sie an uns vorbeigezischt, da lässt sie sich abrupt nach hinten fallen. Ich sehe sie schon hinabstürzen, doch im letzten Moment fängt sie sich mit den Kniekehlen ab und schwingt wenig später, kopfüber an der Stange hängend, erneut an uns vorbei.

»Bravo!«, rufe ich ihr hinterher, während sie bereits das nächste riskante Kunststück in Angriff nimmt, indem sie nun die Kniekehlen öffnet und ein Stück tiefer rutscht, bis sie nur noch von ihren Zehenspitzen an der Stange gehalten wird.

»Bravo!«, rufe ich erneut und applaudiere begeistert.

Während sie immer wieder an uns vorbeischwingt, vollführt die Artistin todesmutig Kunststücke am Trapez. Mal zeigt sie einen Handstand, dann wieder hängt sie kopfüber vom Trapez herab. Sie wirbelt um die Stange herum, löst sich, scheint zu fallen, fängt sich aber im letzten Moment wieder. Alles geschieht schnell und fließend.

Ihre Bewegungen wirken klar und entschlossen, aber dennoch federleicht. Mit traumwandlerischer Sicherheit findet sie Halt an den beiden Seilen oder der Stange. Sie darf sich keinen Fehler erlauben, kein Zögern, keine Unentschlossenheit.

Ich bin völlig fasziniert von ihrer Anmut und ihrem Können. »Sie ist toll. Wer ist sie?«

»Erstaunlich, was so alles in dir steckt, nicht wahr?«, sagt Judith und muss über mein verdutztes Gesicht lachen.

»Sie? In mir?«, frage ich ungläubig.

»Ja. Das ist Josefine, eine der berühmtesten Zirkusartistinnen der Welt. Außerdem die Närrin in dir und damit dein leichtes, sorgloses Ich. Sie ist ein Zirkuskind, eine Gauklerin, die auch schweren Zeiten leichte Seiten abgewinnen kann.«

Fasziniert schaue ich Josefine hinterher, die gerade wieder an ihrem Trapez an uns vorbeigezischt ist.

»Nimm's leicht!«, sagt Judith. »Das rät sie dir. Sie selbst ist bereit, sich mit jeder Figur am Trapez todesmutig ins Leben zu stürzen. Dabei vertraut sie dem Leben auf eine überraschende Art und Weise. Vor jeder neuen Figur muss sie eine Entscheidung treffen. Sie spürt, was zu tun ist, und folgt dieser starken Intuition bedingungslos.«

»Sie fliegt wie eine Feder«, stelle ich fest. »Wie kann sie in mir sein? Ich fühle mich meistens schwer. Außerdem bin ich weder so sportlich noch so mutig wie sie.«

»Wenn du ihre Stimme wahrnimmst, kann sie dein Denken auf den Kopf stellen und damit Gewohnheiten ändern und alte Strukturen aufbrechen. Sie macht dir

Lust darauf, die Position und damit die Perspektive in deinem Leben zu wechseln. Dadurch entfacht sie in dir das Feuer der Leichtigkeit.«

»Das Feuer der Leichtigkeit? Was soll das sein?«, frage ich.

»Hast du dich schon mal auf den Kopf gestellt und die Welt aus dieser Warte betrachtet?«

Ich schüttele den Kopf.

»Auch nicht als Kind? Nie einen Handstand gemacht? Einen Kopfstand ausprobiert?«

»Doch. Vermutlich schon. Aber wie gesagt, ich war nie besonders sportlich.«

»Hast du nicht als Kind beim Schaukeln den Kopf ganz weit in den Nacken gelegt, um nach hinten sehen zu können, wenn die Schaukel nach vorne schwang, und damit die Welt auf den Kopf zu stellen?«

»Ich weiß nicht«, sage ich unsicher.

»Du bist nie bis in den Himmel geschaukelt?«, fragt Judith ungläubig. »Das kann ich mir nicht vorstellen.«

»Doch«, sage ich und erinnere mich nun. Wie durch einen dichten Nebel sehe ich mich innerlich als kleines Kind auf einer Schaukel sitzen. Und plötzlich ist das Gefühl unbändiger Freude wieder da. »Klar«, platzt es aus mir heraus. »Ich habe das Schaukeln sogar geliebt. Aber das ist sehr lange her.«

Wieder zischt das Trapez an uns vorbei.

Josefine macht einen Salto und gleitet sanft und elegant ins Wasser. Wenig später taucht sie direkt vor uns auf.

»Willst du auch mal, Lisa? Es macht riesengroßen Spaß und erfrischt enorm«, sagt sie prustend. »Die Aussicht da oben ist wunderschön.«

Ich schaue hinauf zum leeren Trapez, das gemächlich hin- und herschwingt. Bei dem Gedanken daran, da oben auf dieser schmalen Stange zu sitzen, bekomme ich feuchte Hände. Aber die Sache reizt mich auch. »Ich weiß nicht. Lust hätte ich schon. Aber ist das nicht gefährlich?«

»Keine Angst. Ich bin bei dir. Ich stelle mich so hinter dich, dass dir nichts passieren kann. Und Judith hat von hier aus ein Auge auf uns.«

»Aber nur unter der Bedingung, dass ich keine Kunststücke machen muss«, sage ich.

»Aber nein. Es reicht, wenn du ganz bequem im Sitzen schaukelst. Du wirst merken, dass die Welt plötzlich anders aussieht und das Denken wie von selbst die Richtung ändert.«

Als sie sieht, dass ich nicke, freut sie sich. »Super! Dann los.«

Josefine klettert aus dem Wasser und reicht mir ihre nasse Hand, um mich über einen felsigen Pfad auf das oberste Plateau zu führen. Es liegt unmittelbar unter der Museumskuppel. Nur das grüne Blätterdach der höchsten Bäume trennt uns davon.

»Gott, ist das hoch«, stammele ich und halte mich an Josefines Arm fest. Ich spüre einen leichten Schwindel.

»Je höher, desto schöner«, behauptet sie und zieht das Trapez zu sich heran. Es muss irgendwo oben in der gläsernen Kuppel befestigt sein. Die Seile, die die Querstange halten, verlieren sich im Blätterdach.

»Setz dich«, fordert sie mich freundlich auf.

Ich zögere.

»Was ist?«

»Ist es auch gut befestigt?«, frage ich, während ich mich vorsichtig auf die Stange setze.

»Keine Angst. Vertrau mir.«

Josefine stellt einen Fuß links von mir auf die Stange und stößt sich mit dem anderen ab. Ich umklammere die Seile, während wir mitsamt dem Trapez so rasant in die Tiefe rauschen, dass mir der Atem stockt. Als wir den tiefsten Punkt unserer Flugbahn erreichen, muss ich mich zusammenreißen, um nicht vor Angst zu schreien, doch gleich danach werden wir leicht und schwungvoll zur Kuppel emporgehoben, und meine anfängliche Panik verwandelt sich augenblicklich in Hochstimmung.

Ich genieße den Flug und schließe für einen Moment die Augen. Meine Hände sind so feucht vor Aufregung, dass ich Angst habe, mich nicht halten zu können. Ich spüre Josefines Beine seitlich an meinem Rücken. Sie stützt mich und gibt mir Halt. Ihre Füße stehen sicher auf der dünnen Stange. Ich spüre, dass sie weiß, was sie tut. Und dieses Gefühl lässt mich Vertrauen schöpfen. Sie findet Sicherheit in der Unsicherheit, und das macht sie frei. Als ich das verstehe, überträgt sich ihre Sicherheit unmittelbar auf mich.

Und noch etwas geschieht. Die Vogelperspektive bringt mich auf Abstand. Nicht nur auf Abstand zur Welt und den Dingen, sondern auf Abstand zu mir selbst. Ich erinnere mich, dass es mir schon im Alltag geholfen hat, wenn ich aus einer eskalierenden Situation herausgetreten bin, um Distanz zu gewinnen. Dazu reichte oft ein kleiner Schritt. Wenn ich im Streit mit Fin nur für einen kurzen Moment den Raum verließ, blitzte in mir eine Veränderung auf. Die Situation war plötzlich leichter zu ertragen.

Vielleicht hat Josefine mir in solchen Momenten zugeflüstert: »Nimm's leicht, Lisa!« Leider habe ich ihren Ratschlag viel zu selten beherzigt. Wer weiß, wo mich das hingeführt hätte? Statt mit Leichtigkeit zu reagieren, habe ich häufig verbissen weitergekämpft, ohne die Situation aus einer anderen Perspektive zu betrachten.

»Und?«, ruft sie, »wie fühlst du dich?«

»Wundervoll«, jubele ich atemlos und voller Lebensfreude. »Es ist alles so leicht!«

Wir haben den höchsten Punkt unserer Flugbahn erreicht. Jetzt geht es wieder rasant abwärts, und ich habe das Gefühl, rücklings ins Bodenlose zu fallen. Ich kann weder sehen, wohin wir uns bewegen, noch kann ich mich umdrehen, um es herauszufinden. Also lasse ich es geschehen und genieße dieses angenehm mulmige Gefühl in der Magengrube, das vermutlich nichts anderes ist als ein kindlicher Glückstaumel.

Hin und her geht es in großen Schwüngen über den See.

»Und jetzt springen wir!«, ruft Josefine und stürzt sich ins nächste Abenteuer, indem sie sich vom Trapez löst und elegant ins Wasser hechtet.

Mutig, berauscht vom Glück und vor allem ohne groß nachzudenken, folge ich ihr, indem ich die Seile los- und mich selbst fallen lasse.

Ich tauche tief ein in das klare Nass, beglückt und befreit, wie ich denke, bekomme aber sofort einen Anflug von Panik. Ich versuche mir gut zuzureden, dass alles in Ordnung ist und ich mir vertrauen kann. Als ich die Augen öffne, bin ich zu meiner eigenen Überraschung tatsächlich ganz ruhig. Ich halte inne, horche in die Stille des Wassers hinein und fühle mich wie verwandelt. Langsam und bedächtig tauche ich zurück an die Oberfläche.

Dort breite ich Arme und Beine aus, betrachte die Kuppel und den Sternenhimmel und lasse mich treiben.

DIE KLEINE WELT DER SEHNSUCHT

Der sanfte Strahl eines kleinen Wasserfalls bringt mich zurück ins Hier und Jetzt. Ich befinde mich nun auf der anderen Seite des Sees. Judith und Aphrodite sitzen am gegenüberliegenden Ufer und winken mir zu.

Ich bedeute ihnen, dass ich den Uferweg nehmen werde und klettere aus dem Wasser, um mich zu orientieren. Hinter einem Felsen entdecke ich eine Hütte, umringt von Bäumen, aus der ein sehnsuchtsvoller Gesang zu hören ist. Neugierig gehe ich darauf zu, und je näher ich der Hütte komme, desto leiser erscheinen mir das Gezwitscher der Vögel und das Plätschern des Wassers. Immer deutlicher ist stattdessen das Lied der Sehnsucht zu hören.

Als ich die Hütte fast erreicht habe, öffnet eine Frau mittleren Alters die Tür. Sie wirkt keinesfalls sehnsüchtig, sondern modern, selbstbewusst und sachlich. Sie hat aschblondes, leicht gewelltes Haar und trägt eine große, eckige Brille. Beides steht ihr nicht besonders gut. Überhaupt scheint sie sich wenig um ihr Äußeres zu kümmern, denn auch der blaue Hosenanzug mit Blazer und weißer Rüschenbluse ist kein Hingucker.

»Herzlich willkommen, ich habe Sie schon erwartet.

Ich bin Virginia«, begrüßt sie mich freundlich und reicht mir die Hand. »Ich bin Ihr wissenschaftliches Ich.«

Sie strahlt eine solche Kompetenz und Souveränität aus, dass es beinahe einschüchternd wirkt. Ich stehe mit meiner durchnässten Kleidung und meinen tropfenden Haaren da und fühle mich wie ein begossener Pudel. Außerdem fröstelt mich.

»Aber kommen Sie doch erst einmal herein«, fährt sie fort. »Sie können sich aufwärmen und Ihre Kleider vor dem Kamin trocknen lassen. Wir können die Zeit nutzen, um uns zu unterhalten. Was meinen Sie?«

Mir fällt auf, dass sie die Einzige ist, die mich siezt.

Ich betrete die Hütte. Es ist angenehm warm. Die Einrichtung ist nicht besonders hübsch, aber zweckmäßig. Es gibt einen Kamin, vor dem zwei Sessel stehen, die dem Raum etwas Heimeliges geben. Die Wände sind mit Bücherregalen gepflastert. Vor dem einzigen Fenster steht ein Schreibtisch, auf dem sich Papierberge türmen. Es sieht alles so aus, wie ich mir das Zuhause einer Frau vorstelle, die ihr Leben in den Dienst der Wissenschaft gestellt hat.

Erst jetzt bemerke ich, dass noch jemand anwesend ist. Eine junge Frau.

»Virginia, ich bin dann mal weg«, sagt sie. »Wir sehen uns, wie immer, morgen.« Und schon ist sie durch die Hintertür verschwunden.

Mein Blick fällt auf ein seltsames Schild, das an der Tür hängt. *Sehnsuchtsberatungsstelle* ist darauf zu lesen. Außerdem: *24 Stunden geöffnet, 7 Tage die Woche.*

»Das war Lore«, erklärt die Wissenschaftlerin. »Unsere Sehnsuchtsspezialistin. Sie kommt praktisch jeden Tag hier vorbei und fragt mich um Rat. Aber ihr ist nicht zu helfen. Zumindest nicht mit den Mitteln der modernen Wissenschaft. Ich kann ihr alle Zusammenhänge vernünftig und detailliert erklären, aber am Ende kehrt sie jedes Mal zurück auf ihren Felsen und hofft und wartet vergeblich auf ihre Erlösung. Aber da sie nichts verändert, wird sie nie erlöst werden. Sie müsste an sich arbeiten.«

»Auf wen oder was wartet sie denn?«, frage ich. »Und wovon will sie erlöst werden?«

»Das sind zwei sehr gute Fragen«, befindet Virginia. »Sie scheinen Lore gut zu kennen.«

»Ihr leiser Ruf ist im ganzen Museum zu hören«, erwidere ich. »Und da dachte ich gerade ... ach, nichts.«

»Was dachten Sie?«, hakt Virginia nach.

»Ich dachte, dass ihre Stimme mir irgendwie vertraut vorkommt«, antworte ich. »Vielleicht kenne ich sie auch schon aus meinem Alltag.«

»Interessant«, erwidert Virginia, geht aber nicht weiter auf meine Bemerkung ein. »Lore sehnt sich nach ihrem Retter, oder besser gesagt, nach ihrem Mr Right. Aber eigentlich gefällt sie sich darin, sehnsüchtig zu hoffen und zu warten.«

»Will sie denn diesen Mr Right oder will sie ihn nicht?«, frage ich.

»Das ist schon wieder eine gute Frage. Sie will nicht wirklich etwas an ihrem Zustand verändern«, antwortet Virginia. »Veränderung bedeutet Schwerstarbeit. Sie müsste den Blick statt nach außen, nach innen richten, wenn sie die Welt oder den Sinn des Lebens erfassen will. Das tut sie nicht. Nach jeder Sitzung verschwindet sie wieder, um auf ihrem Felsen vor ihrer Fototapete zu hocken.«

»Vor ihrer Fototapete?«, wiederhole ich entgeistert.

»Ja, hinter meiner Kemenate gibt es einen Felsen. Davor hängt ein überdimensionales Panorama des karibischen Meeres. Es ist Dekoration und gehört zur Ausstellung. Dieses Poster habe ich Lores Fototapete getauft, weil sie es den ganzen Tag wie ein verliebter Teenager anstarrt. Dabei kämmt sie sich verträumt das Haar und summt und trällert Lieder ihrer Sehnsucht. Das ist die traurige Wahrheit: Sie sitzt da, wartet auf ihren Retter und schmachtet dieses Foto an.«

»Das klingt skurril«, sage ich. »Darf ich sie mal kennenlernen?«

»Aber natürlich.«

Virginia öffnet die Tür, hinter der Lore eben verschwunden ist.

Wie von ihr vorhergesagt, sitzt die sehnsüchtige Lore auf einem Felsen vor einer großen Fotowand und starrt diese an. Als sie mich bemerkt, freut sie sich. »Lisa! Schön, dass du da bist. Komm rauf, dann zeige ich dir, wem mein Herz gehört.«

Ich klettere zu ihr auf den Felsen und setze mich neben sie vor das überdimensionale Foto. Die makellose Tropenlandschaft, die ich nun vor Augen habe, ist zwar nur ein Bild, dennoch bleibt es nicht ohne Wirkung. Spüre ich da sogar ein wenig Fernweh? Ich kann Lore verstehen, wenn sie angesichts eines solchen Anblicks sehnsüchtig wird.

»Siehst du das Segelschiff am Horizont?« Lore zeigt auf einen Punkt im karibischen Meer. Überall ist kristallklares Wasser zu sehen, ein Segelschiff erkenne ich jedoch nicht.

»Ach ja!«, seufzt Lore. »Wenn ich doch nur zu ihm auf sein Schiff könnte, dann wäre alles gut.«

Virginia schüttelt unwirsch den Kopf. »Das hätte sie gern, aber das ist Quatsch. Sie würde sich niemals auf den Weg machen.«

»Würde ich doch!«, erwidert Lore trotzig.

»Würdest du nicht«, widerspricht Virginia. »Wenn es so weit wäre, würdest du tausend Erklärungen dafür finden, warum du dich doch nicht auf den Weg machen kannst. So ist es immer, und das weißt du selbst.«

»Ja, aber wenn ich wüsste, dass er mich wollen würde auf seinem weißen Segelschiff, dann würde ich mich auf den Weg machen und ihm entgegeneilen. Sofort. Ganz sicher.«

»Ich muss mal wieder zu Virginia«, sage ich und klettere vom Felsen hinunter.

»Gibt es dieses Segelboot und ihren Retter überhaupt?«, raune ich der Wissenschaftlerin zu. »Ich meine, dieses Meer ist nicht echt. Versteht Lore denn, dass sie vor einem Prospektfoto sitzt?«

»Ja, aber es ist ihre Realität!«, antwortet Virginia. »Jeder Mensch entscheidet selbst, welcher Realität er sich zuwendet. Solange er weiß, dass es sich um seine persönliche Realität handelt, ist das auch kein Problem. Aber viele Menschen können damit nicht umgehen. Sie verdrehen die Wirklichkeit, weil sie ihre eigene Realität darüberstülpen und versuchen, sie allgemeingültig zu machen.«

»Beeindruckend«, antworte ich. »Sie kennen sich gut aus. Ist das Ihr Fachgebiet?«

»Teilweise. Ich bin Psychotherapeutin und forsche auf dem Gebiet der Kommunikation, vor allem in Paarbeziehungen. So wie Lore sich nach ihrem Retter und dem karibischen Paradies sehnt, so sehnen sich viele Paare nach dem Paradies, das sie verloren haben. Oft liegt es daran, dass die Partner aufhören, miteinander zu reden. Ich habe mich deshalb spezialisiert auf die Erarbeitung einer gemeinsamen Gesprächs- und Streitkultur in Paarbeziehungen und Familien.«

»Interessant«, sage ich und überlege, ob ich mit ihr über Fin und mich sprechen soll.

Sie nickt. »Ja, durchaus spannend. Aber leider nicht immer von Erfolg gekrönt. Wie Sie sehen, bleibt Lore passiv. Dabei ist Kommunikation immer aktiv. Partnerschaft bedeutet Auseinandersetzung.«

»Wartet Lore denn auf ihren Ehemann?«

»Oh nein, sie ist nicht verheiratet. Sie würde sofort fliehen und sich eine andere Sehnsucht suchen, wenn der Mann ihrer Träume sich ihr wirklich zuwenden würde. Das wäre ihr zu konkret, zu real. Sie hält sich lieber in der Sehnsucht auf und schmachtet Männer aus der Ferne an, besonders diejenigen, die sie nicht haben kann.«

»Ich kann dich übrigens hören«, schaltet sich Lore mit schnippischem Unterton ein.

»Umso besser«, entgegnet Virginia ungerührt.

»Du weißt ganz genau, wie sehr ich mir eine Beziehung wünsche«, fährt Lore beleidigt fort. »Und wie lange ich schon nach dem Richtigen suche. Aber es klappt einfach nicht!«

»Weil du es nicht willst«, unkt Virginia.

»Doch. Wenn der Richtige kommen würde, dann würde ich alles für ihn tun. Aber bis dahin muss ich eben warten.«

»Kein Problem. Ist sowieso ihre Lieblingsbeschäftigung«, flüstert Virginia mir zu.

»Was hat sie gesagt?«, fragt Lore.

»Virginia meint, dass du ein sehr geduldiger Mensch bist«, übersetze ich frei.

»Das stimmt.« Lore fühlt sich geschmeichelt. »Und ehrlich gesagt, ist das Warten ein wunderbarer Zeitvertreib. Das Gefühl der Sehnsucht ist so herrlich intensiv. Ich meine, was soll ich denn sonst den ganzen Tag über tun?«

»Außerdem sind deine Tagträume viel schöner als die ganzen Probleme, die eine Beziehung mit sich bringen würde, nicht wahr, Lore?«, stichelt Virginia. »Eine Beziehung würde Arbeit bedeuten. Aber dein Held da draußen ist perfekt. Er hat keine Fehler, trägt dich in deiner Vorstellung auf Händen, liest dir jeden Wunsch von den Augen ab und ist stark und mutig, wie der Held in einem Liebesfilm.«

Lore schaut verträumt auf das Foto und seufzt. »Ja. So ist es.«

»Alles, was sie nicht haben kann, weckt ihre Sehnsucht«, erklärt Virginia in gedämpfter Lautstärke. »Sie lebt in ihren kindlichen Fantasien und übernimmt keine Verantwortung für ihre Wünsche. Sie unternimmt nichts, um sie Realität werden zu lassen. Aber Hoffnungen sind wie Seifenblasen. Sie zerplatzen leicht, wenn man es dabei belässt. Lore ist noch nicht so weit, ihr Leben aktiv zu gestalten und ihre Wünsche zu verwirklichen. Die entscheidende Frage lautet, ob sie überhaupt jemals ihre Sehnsucht eintauschen würde.«

»Gute Frage«, sage ich nachdenklich.

»Und? Wie ist es bei Ihnen?«, fragt Virginia.

»Was hat das denn mit mir zu tun?«

»Das wissen Sie nicht?« Sie wirkt überrascht.

»Nein.«

»Sehnen Sie sich nicht auch nach dem perfekten Mann? Warten Sie nicht auch auf die perfekte Ehe?«

»Ach ... so meinen Sie das«, stottere ich ertappt.

»Oder macht es Sie glücklicher, eine authentische Ehe zu führen, in der beide Partner Fehler machen und aus diesen Fehlern lernen können?«

»Ich fürchte, Fin und ich haben schon eine Menge Fehler gemacht«, murmele ich. »Vielleicht sind es inzwischen zu viele.«

Virginia runzelt nachdenklich die Stirn. Dann erwidert sie: »Unser Leben ist nichts anderes als ein ständiges Aneinanderreihen von Versuch und Irrtum. Wir lernen, üben, und wir vermasseln. Und dann fangen wir wieder von vorne an. Es tut uns zeitweise durchaus gut, der Stimme der Sehnsucht zu lauschen. Wenn wir uns ihr aber hingeben und zu lange in diesem Gefühl verweilen, werden wir vor einer Fototapete alt werden. Stellen Sie sich vor, Sie sitzen Ihr ganzes Leben lang vor einer Illusion und warten darauf, dass das Leben endlich anfängt. Wollen Sie das? Hätten Sie nicht das Gefühl am Ende Ihres Lebens, etwas verpasst zu haben?«

DIE LIEBE UND DIE HINTERTREPPE

Ich schaue zu Lore, die schmachtend auf ihrem Felsen sitzt, dann zu Virginia, die mich interessiert ansieht.

»Ich weiß, was ich will«, sage ich. »Oder besser gesagt, ich weiß, was ich nicht will.«

Virginia nickt aufmunternd.

»Ich möchte definitiv nicht auf diesem Stein alt werden.«

»Sehr gut. Kommen Sie, lassen Sie uns über Fin reden und überlegen, was wir bei Ihnen beiden verbessern können.«

Ich folge ihr in die Hütte.

Sie bemerkt, dass ich in meinen nassen Kleidern fröstele.

»Hier, ziehen Sie das an«, sagt sie und legt mir ein paar trockene Sachen hin.

Wenig später sitzen wir uns am Kamin gegenüber, ich mit einer Tasse Tee, Virginia mit Block und Stift bewaffnet.

»Dann schießen Sie mal los«, fordert sie mich auf.

»Was wollen Sie denn wissen?«

»Haben Sie und Fin eine Art Streitkultur?«

»Was meinen Sie mit ... Streitkultur?«

»Gibt es Regeln, an die Sie beide sich halten? Gibt es irgendwelche Absprachen, die Sie getroffen haben?«

»Was denn für Absprachen?« Ich schüttele den Kopf. »Es war mir bisher nicht bewusst, dass man so etwas braucht.«

»Es hilft sehr, sich im Streit an klare Absprachen zu halten, um das, was man sagen möchte, auch mitteilen zu können. Ohne Regeln verstrickt man sich häufig in Emotionen, und das endet meist in einer Spirale aus Vorwürfen und Kränkungen. Was man eigentlich auf dem Herzen hat und unbedingt sagen will, bleibt dann auf der Strecke – und dem anderen weiterhin verborgen.«

»Solche Nebenschauplätze kenne ich«, gebe ich zu. »In Diskussionen mit Fin habe ich oft den Eindruck, dass wir um den heißen Brei herumreden. Man sollte meinen, dadurch würde der Konflikt entschärft, aber das Gegenteil ist der Fall. Diese Taktik führt zu verhärteten Fronten.«

»Gut beobachtet«, lobt Virginia. »Fin und Sie begegnen sich in Ihrer Ehe auf vielen Ebenen und in vielen Rollen. Sie sind Liebespartner, Weggefährten und Eltern. Aber vor allem sind Sie ein Team, das im besten Fall in die gleiche Richtung schaut, weil es eine ähnliche Perspektive aufs Leben hat. Und so sollten Sie sich auch in einem Streit benehmen. Kämpfen Sie gegeneinander, wird es zwar immer einen Sieger geben, aber vor allem einen Verlierer. Und dieser Verlierer muss sich unterordnen, was immer mal wieder funktioniert, aber auf Dauer nicht gut gehen wird. Ein ewiger Verlierer kann sich nicht gleichberechtigt fühlen. Irgendwann wird er deshalb die Reißleine ziehen.

Wer will sich schon ständig als Verlierer fühlen und immer klein beigeben?«

»Kann ich nachvollziehen«, sage ich. »Allerdings bin nach meinem Gefühl ich es, die sich untergeordnet hat. Ich bin die ewige Verliererin.«

»Aus Kämpfen in Beziehungen, die gegeneinander und ohne Absprachen geführt werden, gehen oft zwei Verlierer hervor«, erwidert Virginia. »Vielleicht fühlt Fin sich ebenfalls als ewiger Verlierer, der sich unterzuordnen hat.«

»So habe ich das noch nie betrachtet«, antworte ich nachdenklich.

»Okay, anderes Thema. Wie sieht bei Ihnen der Paar-Raum aus?«

»Was ist denn ein Paar-Raum?«, frage ich erstaunt.

»Jedes Paar hat einen solchen Beziehungsraum. Im Laufe der Beziehung wird er mit gemeinsamen Erlebnissen eingerichtet. Allerdings landet dort auch viel überflüssiges Zeug, manchmal sogar Müll. Altlasten, die mit in die Ehe gebracht wurden, Fehler oder auch Missverständnisse. Wird dieser Müll, der sich im Laufe der Jahre ansammelt, achtlos auf den Boden geworfen oder in die Ecken gekehrt, dann vermüllt er irgendwann das ganze Zimmer. Das Paar hat eines Tages in seinem eigenen Raum keinen Platz mehr, weil überall alter Ramsch liegt und ständig der Kram von gestern im Weg ist.«

»Und was dann?«

»Dann kann es sein, dass sich einer der Partner über die Hintertreppe davonstiehlt.«

»Du meinst, er verlässt die Beziehung?«, hake ich nach

und merke im selben Moment, dass ich sie gerade versehentlich geduzt habe. »Entschuldigung, ich wollte Ihnen nicht zu nahe treten. Ich …«

»Kein Problem«, sagt sie und wirkt nicht verstimmt, sondern ganz im Gegenteil – sogar erfreut. »Wir können uns gern duzen, wenn du das möchtest. Es war nur bislang so, dass wir ein eher distanziertes Verhältnis zueinander hatten. Du fragst mich selten um Rat …«

»Dann sollte ich das ändern«, erwidere ich.

Auf ihrem sonst so ernsten Gesicht erscheint ein Lächeln. »Das wäre schön.«

»Gut«, sage ich, »dann also weiter im Text. Und gern per Du.«

Sie nickt. »Okay. Kommen wir also zurück zu deiner letzten Frage. Wenn einer der Partner den Beziehungsraum verlässt, dann verlässt er damit nicht automatisch auch die Beziehung. Es gibt nicht wenige Paare, die ein gemeinsames Leben führen, innerlich aber getrennt sind.«

»Der Müll muss also entsorgt werden«, stelle ich fest.

»Und das möglichst frühzeitig«, ergänzt Virginia. »Je länger man damit wartet, desto schwieriger wird es, Platz zu schaffen.«

»Deshalb bin ich hier. Im Zimmer von Fin und mir hat sich im Laufe der Jahre eine Menge Müll angesammelt. Wir haben es nicht geschafft, unseren Beziehungsraum rechtzeitig zu entmüllen, und jetzt kommt er mir so eng und unerträglich vor, dass ich das Gefühl habe, ausbrechen zu müssen. Ich glaube, diese Reise ist einerseits meine persönliche Hintertreppe, andererseits will ich versuchen, unseren Paar-Raum neu zu gestalten.«

»Ja, ich weiß«, erwidert Virginia. »Aber beides geht nicht. Außerdem kannst du das nicht allein. Ihr müsst das schon gemeinsam machen.«

»Wie soll das gehen? Fin will nicht reden und erst recht nicht aufräumen. Jedes Problemgespräch zwischen uns beiden ist für ihn eine Belastung.«

»Geht es dabei um die Probleme oder um das Gespräch selbst?«, fragt Virginia.

»Um beides, oder?«, antworte ich unsicher.

»Vielleicht fehlt ihm nur eine Streitkultur.«

»Dann ginge es ihm wie mir«, überlege ich.

»Das scheint dich zu erstaunen.« Virginia sieht mich mit hochgezogenen Augenbrauen an.

»Ich wundere mich nur darüber, dass Fin und ich die gleichen Probleme haben sollen, obwohl er schweigen möchte und ich reden will.«

Wieder muss Virginia lächeln. »Könnte es sein, dass ihr abwechselnd die Hintertreppe benutzt und euch deshalb selten trefft?«

»Wahrscheinlich ist es so«, sage ich. »Aber was sind das denn für Absprachen, die Paaren helfen, sich im Streit zu verständigen?«

»Neben grundsätzlichen Regeln wie sich gegenseitig ausreden lassen oder nicht ausfallend werden, lautet das oberste Gebot: Verstehen!«, antwortet Virginia. »Es geht also nicht in erster Linie darum, verstanden zu werden. Der Fokus sollte darauf liegen, den anderen zu verstehen.

Wir neigen dazu, uns selbst und das, was wir sagen wollen, für wichtiger zu halten als die Meinung des anderen. Oder verstehst du immer, was Fin sagt – und was er dir vermitteln will?«

»Offenbar nicht«, gebe ich zerknirscht zu.

»Und warum fragst du dann nicht nach?«

»Vielleicht, weil ich möchte, dass er mich zuerst versteht?«

»Genau, und so entstehen Fronten. Und wo es Fronten gibt, da wird gekämpft. Mal mit allen Mitteln und auf der ganzen Linie, mal in Form von vielen kleinen Scharmützeln. So ist es bei euch, wenn du sagst, ihr bleibt nie beim eigentlichen Thema, sondern streitet euch am Ende über Nichtigkeiten.«

Ich nicke. »Ich möchte, dass er mich versteht, aber er gibt mir das Gefühl, ihn zu nerven. Wenn er sich dann zurückzieht, obwohl ich mich unverstanden fühle, insistiere ich weiter. Und ja, in solchen Momenten vergreife ich mich gelegentlich im Ton. Er findet mich hysterisch und zieht sich noch weiter zurück. Es ist schrecklich.«

»Das ist die Frage nach der Henne und dem Ei, nach Ursache und Wirkung«, stellt Virginia nüchtern fest. »Ein Gedankenkreislauf, der keinen Anfang und kein Ende hat. Jeder versteht sein Verhalten nur als Reaktion auf das Verhalten des anderen. Jeder will an erster Stelle verstanden werden, und dabei entstehen Vorwürfe, Rechtfertigungen und wieder Vorwürfe. Es ist ein Beharren auf den jeweiligen Standpunkten. Eine Art zermürbender Grabenkrieg.«

»Und wie ändere ich das?«

»Du solltest Fragen stellen! Hinterfrage und frage konkret nach. Finde heraus, ob du ihn richtig verstanden hast, ob du wirklich verstehst, was er will oder was er sich von dir wünscht. Was braucht er von dir? Erst wenn du das weißt, kannst du darauf reagieren.«

»Das klingt, als würde ich Fin kaum verstehen«, resümiere ich. »Ist es wirklich so schlimm?«

»So viel bleibt oft im Unklaren«, antwortet Virginia. »Wir interpretieren den anderen, wir ziehen Rückschlüsse, handeln dementsprechend und beginnen dann, die Reaktion unseres Partners erneut zu interpretieren. Einmal in Gang gesetzt, kann so ein Teufelskreis aus Fehlschlüssen und Fehlinterpretationen entstehen.«

»Schon möglich, dass es bei uns so läuft«, seufze ich unbehaglich.

»Du solltest Fragen stellen und Bedürfnisse formulieren. Beides schafft Realität. Damit könnt ihr konkret umgehen. Menschen sind sehr verschieden. Oft glauben wir, den anderen besser zu kennen als uns selbst. Aber jeder bewohnt seine eigene Insel. Dort liegen Vergangenheit, Gegenwart und Zukunft. Das bedeutet aber auch, wir sind nur Besucher auf der Insel des anderen. Und daher sollten wir offen dafür sein, uns gegenseitig immer wieder neu zu entdecken.«

»Neu entdecken«, wiederhole ich. »Das wäre schön.«

»Ich weiß, was du meinst, Lisa. Wenn man lange zusammen ist, besteht die Gefahr, dass der andere zur Gewohnheit wird. Man betrachtet ihn als Inventar und vergisst, ihn wertzuschätzen. Er ist nichts Besonderes mehr. So verschwimmen die Grenzen und der Respekt geht verloren. Fin und du, ihr konzentriert euch immer auf den Mangel in eurer Beziehung. Auf das, was der andere nicht tut, auf das, was fehlt. Das werft ihr euch im Streit an den Kopf. Aber was wisst ihr wirklich über den anderen? Weißt du, wie Fin sich tief drinnen fühlt? Kennst du seine größte Angst? Kennst du seine geheimsten Wünsche und Sehnsüchte? Weißt du, was er sich von dir wünscht? Und weiß er das alles auch von dir? Wann habt ihr euch zuletzt gesagt, was ihr aneinander schätzt, was ihr am anderen liebt? Oder was euer schönster Moment in der letzten Zeit war?«

Ihre Fragen versetzen mir einen Stich. »Ehrlich gesagt, kann ich mich nicht daran erinnern, wann wir uns zuletzt so intensiv ausgetauscht haben. Aber durch die Kinder und unsere Berufe bleibt halt nicht viel Zeit übrig. Im Alltag bleibt einiges auf der Strecke.«

Virginia hebt eine Augenbraue. »Keine Zeit? Ist das nicht eine Ausrede? Vielleicht verplempert ihr nur eure Zeit mit Nichtigkeiten. Eine Ehe braucht Aufmerksamkeit. Wenn ihr euch sinnlos streitet, vergeudet ihr viel Zeit. Euer Paar-Raum wartet darauf, von euch neu entdeckt und anders gefüllt zu werden. Ihr könntet euch gemeinsam ansehen, wie viel Gutes bereits darin vorhanden ist. Dinge, für die man dankbar sein kann. Wofür möchtest du Fin gern danken?«

Ich spüre einen plötzlichen inneren Widerstand, eine Welle der Empörung, die mich überrollt. »Ich mache den Großteil der Arbeit. Wieso muss ich ihm danken? Wieso fängt er nicht damit an, mir zu danken? Das tut er nämlich nicht – und hat es noch nie getan.«

»Einer muss den Anfang machen«, erwidert Virginia sachlich. »Glaubst du nicht, auch Fin hat das Gefühl, für alles verantwortlich zu sein?«

Ich zucke mit den Schultern. »Ich kann nicht in ihn hineinsehen.«

»Aber du kannst es versuchen. In die Haut des anderen zu schlüpfen, kann sehr hilfreich sein. Vielleicht solltest du mal darüber nachdenken, was Fin zu eurem Leben beiträgt.«

»Warum bin immer ich diejenige, die nachdenken, nachgeben und zuerst etwas verändern muss?«, frage ich trotzig.

Virginia lässt sich nicht aus der Ruhe bringen. »Ist das so? Bist du dir hundertprozentig sicher, dass immer nur du nachgibst?«

Ich zögere. »Hundertprozentige Sicherheit gibt es eigentlich nicht.«

»Also nein?«, hakt sie nach.

»Also nein«, gebe ich kleinlaut zu.

»Du kannst immer nur bei dir selbst anfangen«, erklärt Virginia. »Aber du wirst feststellen, wenn du dich anders verhältst, dann hat das auch Auswirkungen auf sein Verhalten. Es könnte ihn überraschen und eine Tür zwischen euch öffnen. Vielleicht betrachtet jeder von euch die Seite des anderen. Vielleicht wechselt ihr auch die Seiten, um besser zu verstehen, was der andere fühlt und denkt. Kennst du Fins Werte, und kennt er deine?«

»Denke schon«, sage ich leichthin.

»Welche Werte gelten in eurer Ehe?«

»Ich würde sagen, das Übliche. Vertrauen, Treue, Respekt …«

»Aha, und was verstehst du unter Vertrauen? Was unter Respekt? Was versteht Fin unter Treue? Und was du?«

»Guter Punkt«, denke ich. Fin und ich haben tatsächlich eine Menge zu klären. Und vielleicht wäre ein vorsichtiger und aufmerksamer Austausch eine echte Chance für uns beide. In jedem Fall wäre es eine Möglichkeit, frischen Wind in unsere Beziehung zu bringen. Wir könnten die Segel neu setzen, und ich merke bereits, dass ich mich darauf freue.

»Und da wir gerade dabei sind«, fährt Virginia fort, »sprich von dir selbst, wenn du mit Fin redest. In der Ich-Form. Deine Meinungen, Sichtweisen und Empfindungen sind persönlich und nicht allgemeingültig. Wenn du von dir selbst sprichst, nimmt das einer aufgeheizten Situation die Brisanz.«

»Ganz schön viel, was ich mir merken soll«, werfe ich ein.

Sie lacht. »Das ist erst der Anfang. Eine Streitkultur zu etablieren, braucht Übung und Geduld. Kommunikation ist mehr als ein Austausch auf der sprachlichen Ebene. Wir kommunizieren immer. Auch ohne Worte. Durch Gesten und Körperhaltung oder unsere Mimik. Aber über dieses Thema reden wir gern beim nächsten Mal. Du bist immer willkommen, wenn du dir ein Kamingespräch mit mir wünschst.«

»Danke«, sage ich. »Das ist toll. Du bist überhaupt eine tolle Frau.«

»Ich bin ein Teil von dir«, erwidert sie. »Es steckt alles in dir. Mein ganzes Wissen und meine Klarheit. Nimm mich gern mit als deine Beraterin, wenn du schwierige Gespräche und Situationen erlebst, die leicht zu eskalieren drohen. Ich kann dir helfen, auf der sachlichen Ebene zu bleiben und die notwendige Distanz zum Thema zu wahren.«

»Das ist beruhigend«, antworte ich und bin froh über die Option, Virginia bei mir zu haben, wenn ich klar und sachlich bleiben muss. Vielleicht kann sie mir helfen, nicht den Faden zu verlieren, wenn es schwierig wird.

»Ich würde dir gern noch drei Fragen mit auf den Weg geben, über die du nachdenken solltest«, ergänzt sie.

»Immer her damit«, erwidere ich neugierig.

»Die erste lautet: Was ist dein größter Wunsch an Fin? Die zweite: Was ist dein größtes Geheimnis, von dem Fin nichts weiß?«

Ich beiße mir auf die Unterlippe.

»Und die dritte Frage lautet: Was braucht eure Ehe deiner Meinung nach jetzt am meisten?«

Ich nicke bedächtig. »Das sind drei ziemlich harte Nüsse.«

»Lass dir Zeit. Oft sind die Antworten auf unsere Fragen überraschender und authentischer, wenn sie in Ruhe reifen können.«

In diesem Moment klopft es an der Tür.

»Perfekt. Dein Besuch ist da«, sagt Virginia und steht auf.

»Mein Besuch? Ich erwarte keinen Besuch«, protestiere ich.

»Doch«, entgegnet sie. »Dieser Besuch ist für dich. Es ist Pina. Sie will dich abholen.«

DIE CHOREOGRAFIE DES AUGENBLICKS

Und wer ist Pina?«, rufe ich Virginia hinterher, die gerade zur Tür geht.

»Eine Tänzerin. Und dein künstlerisches, oder besser gesagt, dein erfinderisches Ich, die Choreografin des Augenblicks.«

»Die Choreografin des Augenblicks? Wie kann ich das verstehen?«

»Situationen sind wie Tanzfiguren. Pina zeigt dir die unendlichen Möglichkeiten, die in einer Situation stecken. Sie probt mit dir den Tanz der Worte und gestaltet so mit dir den Augenblick. Welche Musik hat der Moment? Was gibt es für Positionswechsel in einer Situation? Auf diese Weise zeigt sie dir die Tanzschritte, die dir helfen, die Situation für dich bestmöglich zu gestalten. Sie hilft dir, aus allem das Beste zu machen, vorausgesetzt, du lässt Veränderungen zu.«

Als sie die Tür öffnet, begrüßt Pina mich freudestrahlend. »Hallo, Lisa. Da bist du ja. Freut mich, dass du Zeit für eine Probe hast.«

Ich ziehe ratlos die Schultern hoch. Ich habe keine Ahnung, was sie meint.

»Hier«, sagt Pina und hält mir ein altmodisches Schnurtelefon hin.

»Was soll ich damit?«, frage ich.

»Mit Fin telefonieren. Vielleicht läuft es diesmal anders als gestern.«

»Ist Fin am Telefon?«, rätsele ich erstaunt und nehme den Hörer entgegen.

»Nein, du rufst ihn an«, erklärt Pina. »So wie bei deiner Ankunft. Nun kannst du den Augenblick neu gestalten.« Sie zwinkert mir aufmunternd zu. »Na los, nur Mut!«

»Okay, wenn du meinst.« Zögernd wähle ich Fins Nummer.

Seine tiefe Stimme ertönt am anderen Ende der Leitung. »Bist du etwa schon da?«

Ich stutze. »Ja, ich wollte nur kurz Bescheid geben, dass ich gut angekommen bin. Alles in Ordnung bei euch?«

»Alles gut«, entgegnet er knapp.

Es ist genau wie bei unserem gestrigen Telefonat. Im Hintergrund streiten sich die Kinder lauthals.

»Sekunde«, sagt er, dann höre ich ihn rufen: »Hey! Ich telefoniere hier gerade mit Mama. Könnt ihr mal bitte etwas leiser sein? Ich verstehe sonst kein Wort.«

»Was ist denn da wieder los?«, frage ich.

»Alles gut«, wiegelt er ab.

Nun eskaliert die Situation im Hintergrund genau wie gestern, und ich ärgere mich über seine Ausflüchte, denn offensichtlich ist überhaupt nichts gut. Im Gegenteil. Fabi provoziert wie immer seine jüngere Schwester und behandelt Charlotte wie ein Baby. Und wie immer bringt das mich auf die Palme. Mein Gott, warum sagt er denn nichts? Warum ist er nicht konsequent? »Kinder brauchen Grenzen, Fin«, sage ich und zucke zusammen. Erschrocken lege ich meine Hand auf die Sprechmuschel und wende mich an Pina. »Das läuft genau wie beim letzten Mal. Ich will eingreifen, damit Fin nicht noch genervter wird, als er es ohnehin schon ist.«

»Charlotte! Fabian! Es reicht!«, höre ich Fin brüllen. »Wenn ihr jetzt nicht sofort aufhört, dann könnt ihr euer Fernsehen vergessen!«

»Fin, hast du mir gerade zugehört?«, frage ich.

Die Kinder haben Fin nicht zugehört, und Fin hat mir nicht zugehört. Der Streit im Hintergrund geht einfach lautstark weiter. Verzweifelt wende ich mich wieder an Pina. »Was soll ich tun?«

Sie sieht mich an und lächelt. »Tanze!«

»Fin, soll ich mal mit Fabi reden?«, frage ich in den Hörer.

»Ist jetzt nicht dein Ernst, oder?« Er klingt ebenso verärgert wie gestern.

»Ich schaffe es einfach nicht, mich zurückzunehmen und es anders zu machen«, jammere ich, an Pina gewandt.

»Streu ein bisschen Glitzer drauf«, schlägt sie vor.

Mir ist nicht klar, wie sie das meint, aber ich tue mein Bestes. »Ich will dir doch nur helfen«, sage ich freundlich zu Fin.

Pina nickt. »Schon ganz gut.«

Fin ist deutlich ungnädiger. »Du wolltest dich nur um dich selbst kümmern. Dann mach das jetzt bitte auch und lass den Rest meine Sorge sein. Ich muss jetzt Schluss machen. Du hörst ja, was hier los ist. Gute Nacht.« Er legt auf, und ich ärgere mich über mich selbst.

»Na prima! Das hat ja überhaupt nicht geklappt«, stelle ich enttäuscht fest.

»Versuchen, vermasseln und von vorn beginnen«, verkündet Pina. »Wenn du beim Tanzen stürzt, dann stehst du einfach wieder auf. Also. Weiter geht's.«

»Wie denn weiter?«, frage ich. »Er hat einfach aufgelegt.«

»Ja, aber was könntest du verändern, wenn du das Gespräch noch mal führen würdest?«, gibt sie mir zu bedenken.

Ich überlege. »Na ja, es ist normal, dass wir nicht einer Meinung sind. Ich gehe anders mit den Kindern um als er. Das weiß ich auch.«

»Sehr gut. Und was noch?«

»Sich lieben bedeutet nicht, dass man einer Meinung sein muss. Richtig?«

Sie nickt wieder. »Was fällt dir noch dazu ein?«

»Anklagen und Vorwürfe weglassen?«

»Genau!« Pina ist begeistert. »Was könntest du stattdessen tun?«

»Zuhören und Fragen stellen. So wie Virginia es mir erklärt hat.«

»Sehr gut«, lobt Pina. »Die meisten Ehen sterben nicht an mangelnder Liebe, sondern an mangelnder Kommunikation. Wenn wir die Meinung des anderen ignorieren, ist das der falsche Weg. Bemühen wir uns dagegen, eine andere Meinung oder eine andere Sichtweise zu verstehen, verfolgen wir einen Weg, der Brücken schlägt. Wie könntest du eine Brücke zu Fin schlagen?«

»Ich könnte ihn gewähren lassen und darauf vertrauen, dass er mit der Situation klarkommt.«

Pina nickt. »Anstatt empört darüber zu sein und ihn anzuklagen. Richtig. Deine Fragen hatten einen vorwurfsvollen Klang. Das war die Musik, die er kennt, und er hat die immer gleichen Tanzschritte dazu ausgeführt. Änderst du die Musik, kann Fin sich vielleicht anders dazu bewegen, andere Tanzschritte machen. Dann kannst auch du dich anders bewegen. Und vielleicht bewegt ihr euch sogar einen Schritt aufeinander zu und merkt, dass ihr nicht gezwungen seid, immer die gleichen Schrittabfolgen zu tanzen. Welche Musik braucht eure Ehe? Welche braucht das Gespräch? Hast du eine Idee, Lisa?«

»Ich habe keine Ahnung.«

»Welche Musik würdest du dir denn wünschen?«

»Ich mag Tangomusik gerne«, verrate ich.

»Und was gefällt dir daran?«

»Das Feuer und ja, vielleicht auch die Intensität. Die fehlt mir manchmal, auch in den Gesprächen mit Fin.«

»Dann bring ein bisschen Tangomusik in deine Ehe«, schlägt Pina vor.

»Und wie mache ich das?«, frage ich lachend.

»Tango tanzt man mit offenem Herzen. Es ist ein Dialog. Man spürt den anderen, seine Bewegungen, folgt ihm und gibt sich ihm hin. Aber man übernimmt auch selbst zeitweise die Führung. Es ist ein Wechsel, ein Spiel zwischen Nähe und Distanz. Führen und geführt werden.«

Pina bringt mich ins Grübeln.

»Wie soll ich das auf Fin und mich übertragen? Und wie in ein Gespräch umsetzen?«

»Fühle ihn. Übernimm die Führung, aber nicht mit Misstrauen und indem du ihn kritisierst. Auch nicht, indem du erwartest, dass er dir das schlechte Gewissen nimmt. Du hast eine Entscheidung getroffen, übernimm dafür auch die Verantwortung.«

»Gut. Das habe ich verstanden.«

»Was könntest du Fin im Gespräch geben? Was braucht er deiner Meinung nach von dir?«

»Vertrauen?«, rate ich.

»Ja, er braucht dein Vertrauen, dass er das mit den Kindern gut hinbekommen wird. Hast du ihm jemals mitgeteilt, dass er ein guter Vater ist?«

»Nein.«

»Dann versuche noch einmal, euer Gespräch in eine andere Richtung zu lenken. Denk dir eine andere Musik und eine andere Choreografie aus.« Sie hält mir erneut den Telefonhörer hin und wählt.

»Hallo, Fin, ich bin es«, beginne ich. »Ich wollte kurz sagen, dass ich gut angekommen bin.«

Im Hintergrund streiten die Kinder lauthals.

»Sekunde«, sagt er, dann höre ich ihn rufen: »Hey! Ich telefoniere hier gerade mit Mama. Könnt ihr mal bitte etwas leiser sein? Ich verstehe sonst kein Wort.«

»Danke, dass du das machst!«, sage ich spontan. »Danke, dass du für mich den Alltagswahnsinn allein stemmst, damit ich wieder zu mir und meiner Kraft finden kann.«

Schweigen. Er scheint überrascht.

Im Hintergrund eskaliert die Situation zwischen den Kindern.

»Warte mal bitte einen Moment. Charlotte! Fabian! Es reicht!«, höre ich ihn sagen. »Wenn ihr jetzt nicht sofort aufhört, dann könnt ihr euer Fernsehen vergessen!«

Ich stutze. Aber ich greife nicht ein. Schließlich bin ich gerade dabei, meine Tanzschritte zu verändern.

»Bist du noch dran?«, fragt Fin.

»Klar.«

»Hast du es schön angetroffen?«

»Oh ja. Es ist ein wunderschöner Ort. Und mir ist aufgefallen, dass ich mit dir und den Kindern noch gar nicht hier war, obwohl er so ein wichtiger Teil meiner Kindheit ist.«

»Du hast nie davon erzählt.«

»Vielleicht machen wir hier mal alle zusammen Ferien. Oder nur du und ich.«

»Lass uns darüber sprechen, wenn du wieder da bist. Ich muss jetzt auflegen. Es ist schon spät, und du hörst ja, die Kinder geben keine Ruhe.«

»Kein Problem«, antworte ich schnell. Ich spüre, dass mein schlechtes Gewissen an mir nagt, gebe dem Gefühl aber nicht nach.

»Dann gute Nacht, Lisa.«

»Ja, gute Nacht, Fin. Und …«

»Ja?«

»Du bist ein toller Vater. Das habe ich dir noch nie gesagt.«

»Danke«, sagt er verblüfft.

Ich lege den Hörer zurück auf die Gabel und sehe Pina anerkennend nicken. »Und? Wie war es, die Musik zu ändern und damit euer Gespräch für einen anderen Tanz zu öffnen? Hast du den Tango gefühlt?«

Ich lache. »Es war noch nicht wirklich ein Tango. Aber ein Anfang.«

»Du allein bestimmst, welche Schritte du machst und welche Musik du anstimmst. Sorge dafür, dass du nicht automatisch der Musikschleife folgst, die meistens gespielt wird. Übernimm die Führung und lass dich führen. Dann kannst du eine Brücke schlagen. Und auf dieser Brücke könnt ihr tanzen.«

BIS ZUM HIMMEL UND WEITER

Auf dem Uferweg kommt Judith mir entgegen.

»Da bist du ja. Wie geht es dir?«

»Gut«, antworte ich. »Ich habe Virginia, Lore und Pina kennengelernt und viel über Kommunikation, Sehnsucht und die Magie des Augenblicks erfahren.«

»Klingt toll«, sagt Judith.

»Ja, aber jetzt bin ich völlig erledigt und aufgewühlt. Eigentlich brauche ich eine kleine Pause.«

»Kannst du haben. Später. Warst du schon oben auf dem Hügel?«

»Ja. Bei Josefine. Zum Schaukeln.«

»Aber noch nicht bei Joe, oder?«

»Nein, wer ist Joe?«

»Die Magierin. Sie verbringt die meiste Zeit oben auf dem Gipfel des höchsten Hügels hier im Elysium. Dort meditiert sie und erforscht, wie sich Meditation auf das Leben und die Funktionsweise des Gehirns auswirkt. Sie ist eine wahre Philosophin, und es ist spannend, ihr zuzuhören und mit ihr zu meditieren. Ich bringe dich zu ihr. Ich habe sie selbst länger nicht mehr gesehen.«

Der Weg ist steil, aber nicht sehr weit. Von hier oben sieht man ganz Elysium. Über uns glänzt hinter der glä-

sernen Kuppel der sternenklare Himmel. Schon bald wird die Morgendämmerung die Sterne verblassen lassen.

Wir treffen Joe dabei an, wie sie Yogaübungen praktiziert. Mit Hingabe streckt und dehnt sie sich und lotet die Grenzen ihrer Kraft und Biegsamkeit aus. Sie atmet tief und gleichmäßig. Ihr Atem scheint die Musik zu sein, die ihr den Rhythmus vorgibt.

Joes Bewegungen sind elegant und formvollendet. Ich habe mal in einem Sportstudio einen Yoga-Anfängerkurs gemacht. Aber was dort gelehrt wurde, ist im Vergleich zu Joes Meisterschaft nur ein bisschen Bodengymnastik. Auch die Atmosphäre hier oben und die Intensität, mit der Joe praktiziert, sind für mich völlig neu.

»Du scheinst von deiner Magierin angetan zu sein«, flüstert Judith mir zu.

Ich nicke. »Es kommt mir beinahe vor, als könnte ich nur durchs Zuschauen den eigentlichen Sinn von Yoga erfassen. Was es bedeutet und uns lehren will.«

Joe ist beim Sonnengruß angelangt. Hochkonzentriert steht sie unter der Glaskuppel und atmet ruhig und gleichmäßig. Sie hebt die Arme seitlich an und führt sie dann langsam nach oben, bis ihre Fingerspitzen sich gen Himmel strecken, als gelte es, die Sterne einzufangen. In einer eleganten und fließenden Bewegung lässt Joe nach kurzem Innehalten ihre Hände wieder nach unten gleiten und legt die Handflächen vor der Brust aneinander, um sich schließlich mit einem »Namaste« zu verneigen.

Dann wendet sie sich mir zu und verneigt sich ein

weiteres Mal. »Namaste, Lisa, ich bin Joe«, stellt sie sich vor.

»Was bedeutet *Namaste*?«

»Es heißt ›Ich verbeuge mich vor dir‹. Man zollt auf diese Weise dem anderen und sich selbst Respekt«, erklärt sie. »Schön, dass du gekommen bist.«

»Lebst du hier oben?«

»Ja, ich liebe die Weite und die Stille. Hier kann ich am besten den Blick nach innen richten.«

»Judith hat mir erzählt, dass du die Wirkung von Meditation auf das Gehirn untersuchst. Klingt spannend, aber auch kompliziert.«

»Ich weiß, dass du Meditation für esoterischen Kram hältst«, antwortet Joe lächelnd.

»Stimmt«, gestehe ich. »Ich habe mich nie sonderlich dafür interessiert. Aber dir beim Yoga zuzusehen, beeindruckt mich sehr.«

»Danke. Aber wenn Yoga dich interessiert, dann könnte auch Meditation interessant für dich sein. Im einen Fall geht es darum, den Körper zu beherrschen, im anderen darum, die Macht unserer Gedanken zu bändigen. Ich übe, meine Gedanken zu kontrollieren, statt von ihnen kontrolliert zu werden.«

»Aha, und wie geht das?«, erkundige ich mich.

»Wusstest du, dass uns jeden Tag bis zu siebzigtausend Gedanken durch den Kopf gehen?«

»Siebzigtausend? Ist das nicht ein bisschen hoch gegriffen?«, frage ich skeptisch.

»Aber nein! Es sind wirklich so viele. Die meisten unserer Gedanken sind allerdings die gleichen wie am Vortag. Deshalb führen sie zu den immer gleichen Gefühlen oder Verhaltensweisen und damit zu den immer gleichen Entscheidungen. So machen wir wieder und wieder die gleichen Erfahrungen. Wir versuchen, unsere Vergangenheit zu verstehen, um unsere Zukunft vorherzusagen – oder zumindest, um eine Ahnung davon zu bekommen, was uns erwartet. Auf diese Weise erschaffen wir unsere Realität und auch uns selbst.«

»Wir erschaffen uns selbst?«, wiederhole ich erstaunt.

»Ja, unsere Gedanken bestimmen, wer wir sind. Wenn wir allerdings ständig die gleichen Gedanken wälzen, verändern wir in unserem Leben rein gar nichts.

Schon morgens, wenn wir die Augen aufschlagen, beginnt die immer gleiche Leier. Ohne darüber nachzudenken, betreten wir den ausgetretenen Pfad unserer Gewohnheiten, um uns wie ferngesteuert unseren Alltagsaufgaben zu widmen. Das Bild, das du von dir hast, also deine Vorstellung davon, wer du bist, resultiert meist aus einer Reihe von unbewussten Gewohnheiten, festgefahrenen Einstellungen und Glaubensmustern, die sich auf dein Gestern beziehen. Deine Gegenwart beruht demnach auf deiner Vergangenheit. Deshalb erleben wir immer nur das Gleiche.«

»Du behauptest, das Bild, das ich von mir selbst habe, ist entstanden, weil ich immer wieder die gleichen Dinge getan habe?«

»Und weil du immer wieder die gleichen Dinge gedacht hast«, ergänzt Joe. »Der springende Punkt ist, dass du emotional immer gleich reagiert hast. Um das zu ändern, musst du an der Basis ansetzen.«

»Was meinst du mit … Basis?«

»Ein Leben, das durch Stress geprägt ist, verändert unser Gehirn. Stress bringt uns dazu, immer und immer wieder über unsere Probleme nachzudenken. Wir fangen an, uns auf den schlimmsten Fall vorzubereiten, weil wir aufgrund unserer vergangenen Erfahrungen denken, dass wir vorbereitet sein müssen. Unser Gehirn lebt nun ständig im Alarmzustand und kann nicht mehr optimal arbeiten. Wenn wir plötzlich alles kontrollieren wollen, dann liegt es daran, dass unser Gehirn von Stresshormonen überflutet wird. Wir möchten zumindest die Außenwelt beherrschen, wenn wir schon keine Kontrolle über unser Inneres haben. Aber so vergrößern wir den Stress, weshalb wir noch mehr Kontrolle ausüben müssen. Mehr Kontrolle bedeutet mehr Stress, und so geht das immer weiter. Am Ende sind wir nur noch auf die Außenwelt konzentriert. Selbst wenn wir wollten, könnten wir unseren Fokus nicht plötzlich nach innen auf unsere Gefühle und Gedanken richten.«

»Und Meditation hilft uns, den Fokus nach innen zu richten?«

Joe nickt. »Meditation ist ein Zustand, in dem wir versuchen, den analytischen Verstand auszuschalten. Beim Meditieren denkst du nicht über dich und dein Leben nach – nicht über bestimmte Personen oder über das, was gestern war, oder über eine Situation, die dich beschäftigt hat. Du nimmst den ganzen Zirkus in deinem Kopf nicht mehr wahr.«

»Klingt verlockend«, sage ich.

»Und das ist keine Magie, sondern Wissenschaft«, erklärt Joe. »Du beginnst dich wohlzufühlen und zu entspannen und dadurch verlangsamst du deine Gehirnwellen, was deinem Gehirn die Möglichkeit gibt, neue Nervenzellenverbindungen zu schaffen. Solche Verschaltungen kannst du durch Meditation aktivieren.«

»Beeindruckend. Und das passiert alles, wenn ich einfach nur dasitze und nichts sage?«

»Im Grunde ja. Du musst dir nur selbst die Chance geben, deine Gedankenschleifen zu verlassen.« Sie sieht mir an, dass ich ihr nicht ganz folgen kann.

»Du kennst doch Lore«, fährt sie fort. »Dein sehnsuchtsvolles Ich ist mit seinen Gedanken immer in der Zukunft. Rosa hingegen, dein gefangenes Ich, ist mental an die Vergangenheit gekettet. Wenn du weder in der Vergangenheit noch in der Zukunft leben willst, darfst du dich nicht von solchen Gedankenschleifen einwickeln lassen.«

»Und das kann Meditation verhindern?«

Joe nickt. »Mehr noch. Meditation kann dich nicht nur vor Gedankenschleifen bewahren, sondern dir auch helfen, alles zu bekommen, was du willst.«

»Du meinst, Meditation lässt meine Wünsche wahr werden?«, fasse ich zusammen. »Entschuldige, aber das glaube ich nicht.«

Joe, die von ihren Erkenntnissen nicht nur begeistert, sondern auch restlos überzeugt zu sein scheint, lächelt. »So ist es aber. Wenn du es nicht glaubst, vergibst du dir eine große Chance. Aber das ist natürlich allein deine Entscheidung.«

Jetzt hat sie mich doch neugierig gemacht. »Ist das denn schwer?«, frage ich. »Ich meine, Wünsche wahr werden zu lassen, klingt nach einem nicht ganz einfachen Job.«

»Wir können es gerne gemeinsam versuchen und eine Übung dazu machen. Wenn du willst, leite ich dich an.«

»Ja. Ich würde das gern mal ausprobieren.«

»Gut, dann setze dich jetzt bequem hin und schließe deine Augen.«

Ich tue, was sie sagt.

»Du stellst dir vor, in einem Wattebausch zu sitzen. Du spürst die weiche Watte auf deiner Haut, nimmst wahr, wie du ein- und ausatmest.«

Sie wartet geduldig, bis mein Atem ruhiger fließt. Dann leitet sie mich mit sanfter Stimme weiter durch die Übung.

»Nun lenkst du deine Aufmerksamkeit auf dein Herz und spürst hinein. Damit richtest du deinen Fokus auf das Fühlen, sodass du auf diese Weise aufhörst, kritisch zu denken. Das verankert dich im Hier und Jetzt.«

Ich merke, dass ich meine Gedanken mehr und mehr loslasse. Es kommt mir vor, als wären sie Tausende bunter Luftballons, von denen sich einer nach dem anderen in die Lüfte erhebt.

»Deine Handflächen zeigen locker nach oben und liegen in deinem Schoß«, fährt Joe fort. »Sie empfangen. Auch dadurch erweiterst du deinen Fokus.«

Wieder tue ich, was sie sagt, und eine große Traube

bunter Luftballons erhebt sich nun in die Lüfte. Ich merke, dass ich nicht mehr mit meinen Gedanken und deshalb auch nicht mehr mit meinen Problemen beschäftigt bin.

»Mein Kopf fühlt sich frei an«, sage ich.

»Nicht reden«, bittet Joe sanft. »Wichtig ist jetzt nur das Gefühl, das du einatmest und in dein Herz lenkst. Es handelt sich um jenes Lebensgefühl, das du dir für deine Zukunft wünschst. Wie fühlt sich deine Zukunft an? Dein Zukunftsgefühl muss größer und damit stärker sein als die negativen Gefühle, die dein Leben und dein vergangenes Denken bisher bestimmt haben. Welches Gefühl soll also ab jetzt deine Zukunft und dein Leben bestimmen? Du darfst es nun einladen, dich zu besuchen. Leichtigkeit. Vertrauen. Dankbarkeit. Liebe. Freiheit. Zuversicht. Welches Gefühl soll dich erfüllen und durch dich hindurchfließen?«

»Ich wünsche mir Dankbarkeit«, flüstere ich.

»Gut. Stell dir vor, du atmest Dankbarkeit ein, lenkst sie in dein Herz, und dieses Gefühl breitet sich nun von dort in deinem ganzen Körper aus. Du bist durchdrungen und erfüllt von Dankbarkeit. Wenn du jetzt mit diesem Gefühl der Dankbarkeit deinen Wünschen begegnest, dann erschaffst du genau das, was du haben willst. Was wünschst du dir, Lisa?«

Ich bemühe mich, nicht zu denken, sondern nur zu fühlen, und plötzlich taucht ein Bild vor meinem geistigen Auge auf. Ein Bild von Fin und mir. Wir sitzen nebeneinander. Wir sind bereits alt, und er streichelt zärtlich meine Hand. Ich spüre eine intensive Vertrautheit und Nähe, die uns verbindet.

»Ich möchte mit Fin in Liebe alt werden«, stoße ich hervor und spüre plötzlich eine Gewissheit und Klarheit in mir, die ich Fin gegenüber schon Jahre nicht mehr gefühlt habe.

»Dann stell dir jetzt vor, wie es aussehen wird, mit Fin zusammen alt zu werden. Was habt ihr für eine Beziehung? Wie geht ihr miteinander um? Wie redet ihr miteinander? Wie fühlt sich das an? Gehe hinein in dieses Gefühl und lass es durch deinen ganzen Körper strömen, sich in dir ausbreiten. Sieh alles genau vor dir. Fins Gesicht, wie ihr euch anschaut, eure kleinen Gesten.«

Ich höre Joe sprechen, und vor meinem inneren Auge entstehen Bilder. Ich lasse sie zu, empfange sie, ohne sie mit meinem Verstand beeinflussen zu wollen. Und ich spüre Dankbarkeit über diese Liebe und das, was sie aus meinem Leben gemacht hat. Ich bin dankbar, dass Fin und ich an uns gearbeitet und nicht aufgegeben haben.

»Wenn du so weit bist, dann komm langsam wieder zurück und öffne deine Augen«, sagt Joe und wartet geduldig, bis ich wieder ins Hier und Jetzt zurückgekehrt bin.

»Ich fühle mich tatsächlich ganz anders«, bemerke ich beeindruckt. »So erfüllt.«

»Du warst unvoreingenommen, weil deine Gedanken dich nicht bestimmt haben. In der Meditation entsteht im besten Fall ein Raum, der frei ist von Zweifeln und Ängsten.«

»Aber was wäre gewesen, wenn ich gemerkt hätte, dass

ich mich verkrampfe, weil ich unbedingt will, dass mein Wunsch in Erfüllung geht, und ich Angst habe, dass er sich doch nicht erfüllen könnte? Vielleicht habe ich es meiner Ansicht nach nicht verdient.«

»Du meinst, wenn negative Gedanken in deiner Meditation auftauchen?«

»Genau.«

»Wünsche bekommen Kraft durch dein Gefühl. Wenn negative Bilder im Kopf entstehen, weil dein kritischer Verstand die Oberhand übernimmt und deine Herrscherin sich einmischt, dann lenkst du deine Aufmerksamkeit sofort wieder auf das Fühlen und auf die Fülle in deinem Leben, eben auf all das, wofür du dankbar und glücklich bist. Abgesehen von deiner Liebe, sind das die stärksten positiven Gefühle und die größten Katalysatoren. So erschaffst du Realität, denn Leben ist nicht allein Materie, sondern auch Energie. Die meisten Menschen glauben leider nur an das, was sie sehen. Ein Irrtum, denn mittlerweile ist wissenschaftlich bewiesen, dass es mehr gibt als Materie. Das Leben ist Energie.« Sie lächelt. »Virginia kann es dir erklären.«

»Und ein anderes Lebensgefühl bedeutet ein anderes Leben«, stelle ich verblüfft fest.

»Genau, und dann wirst du ganz von allein das ›Ich muss …‹ deiner Herrscherin durch ein ›Ich will …‹ ersetzen. Weil praktisch alles, was passiert, mit deinen Wünschen zusammenhängt. Wenn du den Weg kennst, kann alles deinen Wünschen entsprechen.«

Joes letzter Satz durchzuckt mich wie ein Blitz. Ich

schaue zwischen meiner Schöpferin und meiner Magierin hin und her, und dabei wird mir schlagartig klar, warum ich hier bin.

»Ich weiß jetzt, warum der Platz im Zentrum des Mosaiks frei ist«, sage ich begeistert.

DIE WAHRE KÖNIGIN

»Um in meiner Mitte bleiben zu können, muss ich den Platz in der Mitte meiner Archetypen einnehmen«, verkünde ich und marschiere entschlossen in Richtung Eingangshalle. Judith und Joe haben Mühe, mit mir Schritt zu halten. Draußen dämmert es bereits.

»Richtig!«, japst Judith begeistert. »Das ist es! Du hast den Schlüssel gefunden!« Sie bleibt stehen, um nach Luft zu schnappen.

Auch ich halte inne. »Geht's?«

Sie nickt. »Du erinnerst dich bestimmt daran, dass du am Rand des Kreises gestanden hast, als du mit deinen lauten Stimmen gesprochen hast.«

»Allerdings«, antworte ich. »Und es fühlte sich irgendwie nicht richtig an.«

»Genau. Wenn du nämlich außerhalb des Kreises stehen bleibst oder eine der Positionen deiner Archetypen einnimmst, dann wirst du aus deiner Mitte geworfen.«

Sie atmet tief durch, strafft sich und geht weiter. Joe hilft ihr, indem sie sich fürsorglich unterhakt.

»Komm, ich kann es kaum erwarten, dich in der Mitte der Frauen zu sehen«, sagt die Magierin und wirkt ganz beschwingt.

Als wir die Eingangshalle erreichen, kriechen die ersten Strahlen der aufgehenden Sonne durch das gläserne Eingangsportal. Mir ist bei unserer Ankunft gestern gar nicht aufgefallen, dass die Eingangsfront, abgesehen von der reich verzierten hölzernen Eingangstür, komplett aus bodentiefen Glasfenstern besteht.

Die Morgensonne lässt das Mosaik glänzen. Es kommt mir vor, als wäre ich ein Teil dieses Lichtes, denn als ich mich in die Mitte des Mosaiks stelle, entfalte ich plötzlich eine ungeahnte Anziehungskraft. Aus allen Richtungen strömen meine Frauen auf das Mosaik zu und nehmen ihre Plätze ein.

Im Zentrum des Kreises habe ich meine zwölf Persönlichkeitsanteile im Blick. Ich fühle mich wie eine Regisseurin, die ihr Ensemble betrachtet. Ich kenne jede Rolle und kann die Auftritte und Dialoge nach meinen Wünschen gestalten und so das Theaterstück meines Lebens inszenieren. Auf diese Weise werde ich ab sofort in der Lage sein, glückliche Beziehungen zu den Menschen, die ich liebe, und zu mir selbst aufzubauen. Und ich lebe diese Beziehungen, indem ich sie mithilfe meiner Frauen gestalte.

Jede Rolle, jede Figur ist wichtig. Ich kann sie sehen und annehmen. Die guten und die schlechten Seiten von ihnen.

»Das Zentrum ist die Position der Heldin«, erklärt Judith. »Ab jetzt bist du die Heldin deines Lebens. Du führst und lenkst alle anderen Figuren. Keine darf das Zepter halten. Auch wenn es dir manchmal schwerfallen wird, diese

Position zu behaupten. Kehre immer wieder in die Mitte zurück.« Sie nickt mir aufmunternd zu. »Und? Wie fühlt es sich an, die Heldin deines Lebens zu sein?«

»Ich stelle fest, dass ich zum ersten Mal klar sagen muss, was ich will und wie die Dinge laufen sollen. Ich begreife also endlich ...«, ich stutze und muss lächeln.

»Sprich weiter«, fordert Judith mich auf. »Was begreifst du endlich?«

»Dass ich nicht meine Gefühle und auch nicht meine Gedanken bin, sondern dass ihr mir alle die Gelegenheit gebt, beides mit euch gemeinsam zu reflektieren.«

»So ist es«, bestätigt Judith. »Und genau jetzt ist die Gelegenheit günstig, uns allen zu sagen, was du herausgefunden hast.«

Ich nehme mir einen Augenblick Zeit, bevor ich mein Wort an die Runde richte.

»Ihr alle habt mich und meine Gedanken ganz schön durcheinandergewirbelt«, stelle ich fest. »Manche von euch habe ich abgelehnt, mich gegen sie gewehrt. Manche wiederum kannte ich gar nicht oder ich hatte sie vergessen. Aber die vergangenen Stunden haben mir gezeigt, wie wichtig es ist, mich jeder Einzelnen von euch wirklich zuzuwenden, sie wahrzunehmen. Eure guten und eure weniger guten Seiten anzunehmen. Ich habe begriffen, dass ihr alle Persönlichkeitsanteile von mir seid. Es gibt euch in meinen Gedanken, aber ich bin ich. Daher kann ich euch zuhören, euch rufen und in die Schranken weisen, so wie ich es für richtig halte. Als eure Heldin und Meisterin eurer Gedanken. Daher habe ich jeder von euch eine Aufgabe zugeteilt. Ich weiß nun, was ihr mir geben könnt, was ich mir von jeder Einzelnen wünsche – und was ich von euch erwarte.

Sophie, wenn du das Zepter in der Hand hast und als alleinige Herrscherin meine Gedanken- und Gefühlswelt und damit meine Handlungen bestimmst, dann bin ich verbissen und hart. Hart zu mir und zu meinen Mitmenschen. Und das möchte ich nicht. Du bringst mich aus meinem Rhythmus, indem du mir das Tempo diktierst. Dadurch setzt du mich unnötig unter Druck. Bewertest du mich und kritisierst du mich im Übermaß, dann bin ich handlungsunfähig. Ich verstricke mich in Selbstzweifel. Das bringt mich nicht an mein Ziel. Es nimmt mir nur den Mut und den Glauben an mich. Ich bitte dich, mir das Zepter und die Weltkugel zurückzugeben.«

Sophies Mund umspielt ein zartes Lächeln. Sie wirkt erleichtert. Ihre zuvor strengen Gesichtszüge sind plötzlich weich geworden. Sie scheint froh, nicht allein verantwortlich zu sein.

Andererseits zögert sie. Ich sehe ihren Zwiespalt und erkenne, dass sie damit hadert, ihre Machtposition aufzugeben. Auf der einen Seite hat sie Angst, in der Bedeutungslosigkeit zu versinken, auf der anderen Seite scheint sie der Herrschaft müde.

»Und doch brauche ich dich, Sophie«, fahre ich fort. »Ich brauche auch in Zukunft deine Kraft. Aber ich will nicht länger kritisiert, kontrolliert und gehetzt werden. Du sollst mich nur daran erinnern, immer mein Bestes zu geben. Ich wünsche mir deine Zielstrebigkeit und deinen korrigierenden Blick, aber nicht, um mich zu verunsichern, sondern um mich zu unterstützen.«

»Nun gut«, erwidert sie. Ich sehe, dass sie sich durch meine Worte geschmeichelt fühlt, es aber nicht zeigen will. Dazu ist sie zu stolz. »Ich hoffe, du weißt jetzt selbst, was zu tun ist. Ich bin des Herumkommandierens ohnehin müde und kann eine Pause gebrauchen. Die letzten Jahre mit dir waren harte Arbeit.« Sie reicht mir das Zepter. »Auch die Weltkugel?«

»Nein, die kannst du behalten. Ich brauche sie nicht, wenn ich es mir recht überlege«, erwidere ich salopp.

Sie muss lächeln. »In Ordnung. Und du wirst wirklich immer dein Bestes geben?«

»Aber klar«, antworte ich und erwidere ihr Lächeln.

»Danke.« Zufrieden und hoheitsvoll blickt sie in die Runde.

»Ich wusste schon immer, was es heißt, Verantwortung zu übernehmen«, fahre ich fort. »Aber Druck bringt mich nicht weiter. Erst Bewusstsein und Achtsamkeit geben mir die Freiheit zu handeln – oder eben nicht zu handeln. Dieses Bewusstsein habe ich durch dich entdeckt, meine **Judith**. Mit dir hat alles angefangen. Du bist für mich der Boden, auf dem ich in meinem Leben stehe, der mich nährt und auf dem ich wachsen kann. Ich werde dich ab jetzt immer hören, mein Ohr ganz dicht an dein Herz halten.«

Ich wende mich **Cassandra** zu. Sie ist von einer Rauchwolke umgeben und kaum zu erkennen. Mürrisch wedelt sie den Rauch beiseite. Zum Vorschein kommt die zusammengekauert in ihrem Rollstuhl hockende Schwarzseherin.

»Über dich, mein liebes furchtsames Ich, habe ich lange nachgedacht, weil auch du einen großen Einfluss auf mich hast. Du lässt mich zweifeln und grübeln und raubst mir in manchen Stunden sogar meine Lebensfreude. Deswegen ist es für mich schwer, dich anzunehmen. Aber ich weiß auch, dass du dich ernsthaft um mich sorgst.«

Ich sehe ein Blitzen in ihren Augen. Es ist, als hätte ich in ihrer düsteren Welt ein Streichholz angezündet. »Also, wie kann ich dir helfen, Cassandra?«

Langsam erhebt sie sich aus dem Rollstuhl. Ihre ersten Schritte wirken noch unsicher, doch dann scheint die Lähmung, die sie an den Rollstuhl gefesselt hat, wie weggeblasen.

»Du sollst mir zuhören«, antwortet sie. »Damit ich nicht allein bin mit meiner Angst.« Ihre rauchige Stimme klingt nicht länger bedrohlich, sondern hoffnungsvoll. »Ich möchte, dass du dir gut überlegst, ob meine Visionen dich vor echten Gefahren warnen oder ob es keinen Grund zur Sorge gibt.«

»Das verspreche ich dir«, erwidere ich. »Ich werde wachsam sein. Danke, dass du auf mich aufpasst, Cassandra. Ich weiß, hinter deinen Schreckensbildern steckt meist ein liebevoll gemeintes ›Pass auf dich auf‹.«

Sie nickt zufrieden und versetzt dem Rollstuhl einen Tritt. »Gut, dieses Ding hier brauche ich dann nicht mehr!«

»Aber wenn du es mit deiner Schwarzmalerei übertreibst, dann werde ich dich stoppen«, füge ich hinzu.

»Hast du gehört? Denn deine Drohungen können lähmend sein.«

Cassandra nickt einsichtig.

Ich blicke zu Rosa, die ihr Gitter fest umklammert hält und ganz verloren wirkt. Es ist anrührend, wie sie mich durch die Stäbe hindurch ansieht.

»Ach, **Rosa**, mein armes gefangenes Ich! Du wirkst so klein und schutzbedürftig. Als Kinder kommen uns viele Dinge groß, ja sogar gewaltig vor. Wir empfinden sie intensiver, und sie kommen uns existenzieller vor als in späteren Jahren. Besonders, was uns die Eltern sagen, geht uns zu Herzen, auch wenn manches gar nicht so gemeint ist. Als Kinder sind wir ganz und gar von ihnen abhängig. Wir sind auf sie angewiesen, wollen geliebt, angenommen und akzeptiert werden. Aber ich bin kein Kind mehr, liebe Rosa. Ich kenne jetzt meinen Weg. Ich verspreche dir, dass ich versuchen werde, dir in Zukunft Orientierung und Halt zu geben. Vielleicht kannst du so zeitweise den Mut finden, das Gitter abzustellen – und das Gefühl von Freiheit spüren.«

Sie sieht mich mit großen Augen an. »Aber wie soll das gehen?«

»Immer wenn ich Gefahr laufe, in alte Denk- und Handlungsmuster zurückzufallen, werde ich mich hinterfragen und herausfinden, ob sie für mich noch stimmig sind. Vielleicht ist es mir so eines Tages möglich, endgültig frei zu sein. Denn ich spüre und ich weiß, dass ich gar nicht anders sein will, als ich bin. Ich möchte zu mir stehen und mir immer wieder klarmachen, dass einige meiner alten

Glaubenssätze nicht mehr zutreffen. So kann ich versuchen, sie Stück für Stück umzuwandeln und loszulassen. Und auch du, meine kleine Rosa, kannst auf diese Weise mehr und mehr die Eisenstäbe loslassen, die für meine alten Glaubenssätze stehen. Vertrau mir, du wirst dich trotzdem sicher fühlen. Sicher im Wissen darum, dass ich weiß: Ich bin richtig, so wie ich bin!«

Ich sehe in ihren Augen Hoffnung aufblitzen. Vorsichtig löst sie eine Hand vom Gitter, und obwohl sie es nicht völlig loslässt, spüre ich doch Erleichterung im Herzen. Rosas zaghafte Schritte in die Freiheit schenken auch mir ein befreiendes Gefühl. Dann wende ich mich der Kriegerin zu.

»**Jeanne**, meine Actionheldin. Du bist immer bereit, dich für mich und meine Belange einzusetzen. Du willst mich vor Verletzungen schützen, mir helfen, persönliche Grenzen zu ziehen und sie zu wahren. Dank dir kann ich mich von Situationen und Dingen, die nicht gut für mich sind, klar distanzieren und erkennen: Hier bin ich, und da sind die anderen. Ich brauche dich, deine Kraft und deinen Mut, um bei mir zu bleiben und meine Position im Zentrum des Mosaiks zu behaupten.«

Jeanne fühlt sich geschmeichelt und schaut stolz in die Runde.

Ich höre ein leises Seufzen. Es bringt mich zu **Theresa**. »An dich, mein helfendes Ich, möchte ich eine wichtige Frage richten.«

Theresa sieht mich aus müden Augen an und nickt.

»Die Frage lautet: Ist Selbstfürsorge egoistisch?«

»Ja«, haucht sie kraftlos.

»Nein«, entgegne ich lächelnd. »Ich glaube nicht, dass es egoistisch ist, wenn man für sich selbst gut sorgt! Denn sieh dich an! Du hast nicht genug Kraft, um dich auf den Beinen zu halten, weil du deine ganze Lebensenergie für andere eingesetzt hast!«

Theresa will das Gegenteil beweisen und aufstehen, schafft es aber nicht.

»Ich weiß, dass du dir trotz allem nicht helfen lassen willst«, füge ich hinzu. »Aber das ist keine Lösung. Ohne Hilfe wirst du irgendwann überhaupt niemandem mehr helfen können, nicht einmal dir selbst.«

Theresa wirkt nachdenklich, dann schaut sie in die Runde. »Könnte mir bitte eine von euch helfen?«

Wieder ist es Aphrodite, die keine Sekunde zögert. Liebevoll nimmt sie die Hand der gebrechlichen Theresa und hilft ihr auf die Beine. Ein dankbares Lächeln huscht über Theresas Gesicht.

Ich ergreife wieder das Wort. »Sorge ich für mich selbst, dann kann ich mich auch um andere kümmern. Bin ich stark, kann ich andere stärken. Es gilt für mich nicht länger: ›Die anderen sind wichtiger als ich.‹ Ich will nicht gleichgültig sein, wenn jemand meine Hilfe braucht. Aber ich will auch nicht mir selbst gegenüber gleichgültig sein. Ab heute werde ich für mich Hilfe von anderen zulassen und wenn nötig darum bitten.«

Ich spüre, dass alle Entscheidungen, die ich treffe, mir guttun. Ich fühle mich stark als Heldin meines Lebens. Also wende ich mich der nächsten meiner Frauen zu.

»**Josefine**, mit deiner Leichtigkeit veränderst du meinen Blick auf die Welt. Ich habe mich erinnert, dass ich leicht wie eine Feder sein kann. Und das hilft mir, Distanz zu wahren. Distanz zu den oft chaotischen und beängstigenden Zuständen auf dieser Welt. So fühlt sich vieles einfacher und nicht mehr so beängstigend und überwältigend an. Mit dir, liebe Närrin, trotze ich auch den schweren Zeiten etwas Leichtigkeit ab.«

Ich sehe, dass **Pina** mich erwartungsvoll anschaut. »Ja, ich weiß, dass auch du, liebe Pina, meine Künstlerin und mein erfinderisches Ich, Leichtigkeit in mein Leben bringen willst. Aber während Josefine mir hilft, die Welt im Ganzen nicht zu schwerzunehmen, bist du die Choreografin meines Augenblicks und verleihst mir Flügel in meinem Alltag. Mit dir wähle ich nicht nur die richtige Musik für jeden Augenblick aus, du hilfst mir auch, die passenden Tanzschritte zu finden. So bleibe ich immer in Bewegung. Jeder Moment meines Lebens gibt mir die Gelegenheit, neue Tanzschritte auszuprobieren und unbekannte Positionen zu erfinden – mit dir choreografiere ich den Augenblick, bis er sich gut für mich anfühlt.«

Ich höre ein leises »Hach!« und weiß, dass mein sehnsüchtiges Ich ganz ergriffen ist von so schönen Aussichten.

»**Lore**, du hast mich sehr berührt. Als ich dich vor deiner Fototapete hab sitzen sehen, wurde mir klar, dass ich mein Leben nicht mit Warten verbringen will. Warten auf etwas, das in der Zukunft nur vielleicht eintreten wird. Du lebst mit deinen Gedanken ausschließlich im Morgen und in der Hoffnung, dass die Zukunft besser sein wird als die

Gegenwart. Ich würde mich betrogen fühlen, wenn ich eines Tages auf mein Leben zurückschauen und bemerken würde, dass meine besten Jahre wie Seifenblasen zerplatzt sind. Wenn ich dann nichts anderes für meine Träume getan hätte, als zu warten, wäre ich bestimmt sehr unglücklich.

Ich möchte mein Leben in Bewegung bringen, mich in Bewegung bringen, auch wenn die Gefahr besteht, dass ich manchmal scheitere.

Und doch tut es mir hin und wieder gut, deinem sehnsuchtsvollen Ruf zu folgen. Aber ich werde nicht mit dir vor dieser Fototapete alt werden.«

»Ach, wie schön du das gesagt hast!«, schwärmt Lore sehnsüchtig.

»Meine schöne Göttin, meine **Aphrodite**«, fahre ich fort. »Du hast mein Herz mit Sonne geflutet und mich verzaubert. Betrachte ich die Welt durch dich, durch deine liebevollen Augen, kann ich die dunklen Augenblicke meines Lebens mit Licht erfüllen. Wenn ich traurig bin oder an mir zweifle und alte Wunden aufreißen, lasse ich mich von dir trösten. Du kannst mir eine ebenso liebende und fürsorgliche Mutter sein, wie ich es für meine Kinder bin.«

Joe nickt anerkennend, legt ihre Hände vor der Brust flach gegeneinander und deutet eine Verbeugung an.

»Ich hätte nie gedacht, dass ich tatsächlich einen so großen spirituellen Schatz in mir trage, wie du es für mich bist, Joe. Ab jetzt prüfe ich sehr genau, ob mein Leben aus Dingen besteht, die ich tun will, oder nur aus solchen, die ich tun muss. Ich werde das Müssen durch ein Wollen ersetzen, denn ich kann entscheiden, ob ich mich als fremd- oder selbstbestimmt wahrnehme. Joe, durch dich habe ich Vertrauen gefunden. Oder besser gesagt, ich habe es wiedergefunden. Ich will meine Träume nicht begraben. Ich allein bin verantwortlich dafür, dass sie in Erfüllung gehen. Jeden Tag werde ich in mich hineinfühlen und mich fragen: ›Wie fühlt sich meine Zukunft an? Wie will ich mich zukünftig fühlen?‹«

Virginia sitzt auf dem Boden und macht sich Notizen. Sie scheint Freude an meiner Rede zu haben, Freude am Spiel der Worte und an ihrem Klang. Als sie meinen Blick bemerkt, lächelt sie. »Bin ich jetzt an der Reihe?«

Ich nicke. »**Virginia**, du bist mir eine große Hilfe, vor allem dann, wenn ich im Strudel meiner Gedanken zu ertrinken drohe. Unreflektierte Worte und Gedanken können Barrieren sein. Ob ausgesprochen oder nicht, sie stehen im Raum und stören die Kommunikation. Durch dich finde ich die richtigen Worte. Deine Klarheit hilft mir herauszufinden, was ich brauche. Du hast mir gezeigt, dass Sprache mehr Macht und Kraft hat, als ich es bislang für möglich gehalten habe.«

»Danke«, erwidert Virginia leise.

Ich spüre die wohltuenden Strahlen der Sonne im Nacken, drehe mein Gesicht ins Licht und genieße für ein paar Atemzüge die Wärme und den Glanz.

Ein neuer Tag. Für mich wird es ein besonderer Tag sein, denn er liegt am Ende einer denkwürdigen Nacht.

»Es ist für euch alle nun an der Zeit zurückzukehren«, sage ich. »Ich danke euch. Ich bin glücklich über alles, was ich heute Nacht erleben und lernen durfte. Von heute an werde ich euch immer rufen, wenn ich euch brauche.«

Ich drehe mich wieder zur Sonne, um den neuen Tag willkommen zu heißen. »Komm, Judith, lass uns nach Hause gehen.«

»Lisa?«, erwidert sie.

»Ja, was ist denn?«

»Lisa? Hörst du mich?«

»Klar. Warum denn auch nicht?«

»Lisa!«

»Ja! Was ist denn nur los, Judith?«

»Lisa! Wach auf!«

ZURÜCK ZU MIR

Ich öffne die Augen. »Was ist passiert?«

»Du hast geträumt«, antwortet Judith. »Und im Schlaf geredet.«

Ich blicke in ihr vertrautes Gesicht und begreife, dass ich noch immer in ihrem Olivenhain sitze, wo ich es mir unter dem alten Baum bequem gemacht habe. Gegen seinen Stamm gelehnt, bin ich eingeschlafen.

»Ich habe von dir geträumt«, sage ich.

»Ich hoffe, nur Gutes«, erwidert sie lachend. »Du hast ganz schön lange geschlafen.«

»Das war herrlich.« Ich strecke mich und gähne herzhaft. Dabei spüre ich jeden Muskel. Es dämmert bereits. In der Ferne sind griechische Musik und Stimmengewirr zu hören. Bestimmt eine Taverne.

Wir schweigen eine Weile und lauschen.

»Mir sind sie alle begegnet«, sage ich, noch ganz ergriffen von meinem Traum.

»Von wem redest du?«

»Von meinen Archetypen«, erwidere ich. »Ich habe sie alle im Traum getroffen.«

»Da kannst du mal sehen, was für eine große Wirkung sie auf uns haben. Wenn du sie einmal in dein Leben und deine Gedanken gelassen hast, begleiten sie dich überallhin. Aber erzähl! Was haben sie gesagt? Sahen sie genauso aus wie auf dem Mosaik? Was hast du sie gefragt? Ich möchte alles wissen.«

Ich muss lachen. »Ich bin ihnen nachts in einem Museum begegnet. Sie waren Teil der Ausstellung, die man dort besichtigen konnte.«

»Was war das für eine Ausstellung?«, hakt Judith nach.

»Ich glaube, es ging um Mythen und griechische Geschichte. Jedenfalls gehörten moderne und klassische Frauenbilder und -figuren dazu, und die wurden vor meinen Augen plötzlich lebendig. Sie stiegen von Sockeln herunter, kletterten aus Schaukästen oder kamen aus Gemälden. Und mit jeder dieser Frauen konnte ich sprechen. Und das habe ich auch getan. Die ganze Nacht habe ich mir angehört, was sie zu sagen haben, und ihnen Fragen gestellt. Jetzt verstehe ich ihre Bedeutung, fühle die Kraft jeder Einzelnen und weiß um ihre Wirkung auf mich und mein Leben.«

»Das ist beeindruckend«, sagt Judith. »Und warum hast du dann eben meinen Namen gerufen? Ich meine, was habe ich mit deinen Archetypen zu tun?«

»Stell dir vor, du warst meine Schöpferin.«

»Wie schön, dann wirst du mich jetzt immer bei dir haben«, stellt sie zufrieden fest. »Nun kannst du mich nicht mehr so leicht vergessen.« Sie lächelt.

»Ich bin dir sehr dankbar, Tante Ju. Dankbar dafür, dass du mir im Sandsteinhaus alles erklärt hast. Es ist, als hätte ich durch das Mosaik und den Traum plötzlich erkannt, wie ich mich selbst verstehen kann.«

»Das kann ich sehr gut nachvollziehen«, erwidert sie. »Wir können nicht ändern, wer wir sind, aber wir haben Einfluss auf unser Verhalten. Wir können uns und die Welt gestalten - wenn wir das wirklich wollen.«

Ich nicke. »Du wusstest, dass der leere Platz im Mosaik für jeden von uns bestimmt ist, nicht wahr?«

»Natürlich wusste ich das. Aber das musstest du ganz allein herausfinden. Du selbst musstest die Heldin in dir entdecken. Du hättest mich nicht verstanden, wenn ich dir den Platz einfach zugewiesen hätte.«

»Als du mir gesagt hast, dass jeder Mensch sich das Mosaik zu eigen machen muss ...«

»Da habe ich genau das gemeint«, vollendet sie den Satz.

Ein leichter Wind lässt die Blätter der Olivenbäume rascheln. Mich fröstelt es ein wenig. »Im Herbst wird es gegen Abend merklich kühler«, denke ich.

»Du siehst schon viel entspannter aus«, stellt Judith zufrieden fest und tätschelt meine Wange.

»Ich fühle mich ausgeruht«, erwidere ich.

»Dann trinken wir noch ein Glas Wein und plaudern über deinen Museumsbesuch und die alten Zeiten. Ich freue mich immer über Gesellschaft. Komm.« Wir schlendern zum Haus zurück, setzen uns auf eine Bank, von der wir den Hain gut überblicken können, und verabschieden bei einem Glas Wein den Tag.

»Ich muss jetzt aufbrechen, Tante Ju«, sage ich schließlich. »Es ist schon spät.«

»Willst du heute Nacht hierbleiben?«, schlägt sie vor.

»Ein anderes Mal gern, vielen Dank. Aber ich brauche nun ein bisschen Zeit für mich, um nachzudenken. Und ich möchte noch mit Fin telefonieren.«

»Das verstehe ich gut«, antwortet sie. »Dann los! Geh deinem neuen Leben entgegen.«

Ich rappele mich hoch. »Weißt du, was das Schönste ist?«

»Sag es mir.«

»Dass ich die Dankbarkeit wieder fühlen kann. Heute Morgen habe ich mich noch dagegen gewehrt, aber jetzt erfüllt sie mein Herz.«

Sie umarmt mich. »Das ist gut. Denn Dankbarkeit in unserem Herzen ist wie ein Magnet für das Glück.«

Ich drücke sie fest an mich. »Danke, Judith, ich fühle mich von diesem Tag reich beschenkt.«

»Mir geht es nicht anders«, erwidert sie augenzwinkernd.

»Wir werden uns wiedersehen, nicht wahr?«

»Aber sicher, mein Kind! Wie soll es anders sein? Ich bin doch deine Schöpferin.«

Als ich entlang der Klippe durch die sternenklare Nacht spaziere, erlebe ich ein seltenes Naturschauspiel. Eine totale Mondfinsternis, die den Mond in eine rötlich braune Scheibe verwandelt, einen sogenannten Blutmond. Und auch das Meer ist in ein feuriges Rot getaucht.

Ehrfürchtig blicke ich zum Himmel empor und erinnere mich daran, dass ich dieses Spektakel hier bereits als Kind gesehen habe. Mein Vater hat mir damals erklärt, dass sich während der totalen Mondfinsternis die sichtbare Seite des Mondes im Erdschatten befindet. Erstaunlich, dass ich mir das so genau gemerkt habe. Und auch wieder nicht erstaunlich, denn es war einer der Augenblicke mit meinem Vater, in denen ich ihm nah war und in denen ich fühlte, dass ich richtig war, so wie ich war.

»Ich werde ihn nach meiner Rückkehr direkt anrufen«, nehme ich mir vor. Meine Eltern haben es ebenfalls verdient, dass ich ihnen danke, denn ohne sie wäre ich nicht die geworden, die ich bin.

Der Blutmond taucht auch das Haus des Lebens in einen kupfernen Glanz und lässt es dadurch noch unwirklicher erscheinen. Jetzt, wo ich das Geheimnis des Hauses kenne und es entschlüsselt habe, komme ich mir vor wie eine Eingeweihte.

Heute Morgen hat hier alles seinen Anfang genommen. Die Frage, ob das Wiedersehen mit Judith schicksalhaft oder doch reiner Zufall war, habe ich bis jetzt nicht beantworten können. Wie dem auch sei, ich habe mich auf das Abenteuer eingelassen und blicke nun völlig anders auf mein Leben. Die Nacht im Museum hat mir gezeigt, wie vielfältig es sein kann und wie vielfältig ich selbst bin.

Ich habe erfahren, dass Zweifel normal sind, wenn ich alte Gewohnheiten loslassen und Neues beginnen will. Aber diese Zweifel müssen mich nicht ausbremsen, sie erinnern mich nur daran, wachsam zu sein.

Quälende Fragen wie jene, ob ich richtig bin, wie ich

bin, oder ob es richtig ist, wie ich fühle, verlieren ihre Kraft, wenn ich anerkenne, dass auch diese Gedanken zu mir gehören. Entscheidend ist nur, wie ich damit umgehe. Durch die Begegnung mit meinen vielen Ichs habe ich gelernt, dass ich mutig zu mir selbst stehen darf – auch und gerade, wenn ich glaube, anders zu sein als alle anderen.

Noch gestern dachte ich, dass mich die Verantwortung, die auf meinen Schultern lastet, erdrückt. Ich habe Verantwortung mit Belastung gleichgesetzt, man könnte auch sagen: verwechselt. Jetzt empfinde ich sie zum ersten Mal als Freiheit. Denn ich bin mir meiner selbst bewusst. Ich bin nicht gezwungen, nur zu reagieren, sondern kann aktiv mitgestalten. Und ich will das Leben, das ich lebe. Ich will Fin, und ich will meine Kinder.

Aber zu wissen, dass ich nicht alles bin, was ich denke und fühle, ist eine wundervolle Erkenntnis. Ich verstehe, woher ein Gedanke kommt, kann ihn zuordnen und dann entscheiden, ob ich ihn ablehne oder annehme. Ich darf führen, und ich darf bestimmen, welchen Teil meiner Persönlichkeit ich wann und wie brauche und leben will.

So wähle ich steten Wandel statt Kontrolle. Denn jeder Tag bringt neue Herausforderungen. Wir müssen immer wieder neu entscheiden, welche Haltung für uns die beste ist. Sicherheit im Leben gibt es nicht. Und es gibt auch keine Gewissheit.

Ich muss an Fin denken. Mir ist klar geworden, dass ich nicht ihn für die Erfüllung meiner Bedürfnisse verantwortlich machen kann. Ich allein bin es, die meine Bedürfnisse erkennen und formulieren sollte.

Ich wünsche mir so sehr eine neue Musik für unsere Gespräche. Sehnsüchtig blicke ich zum Sandsteinhaus, muss an Lore denken und lächeln. In diesem Moment klingelt mein Handy. Es ist Fin.

»Wie schön!«, rufe ich erfreut. »Ich habe gerade an dich gedacht!«

»Ja?« Er wirkt überrascht. »Ich dachte schon, du bist sauer auf mich.«

»Wieso sollte ich sauer auf dich sein?«

»Weil ich gestern Abend am Telefon etwas ... schroff war und dann auch noch aufgelegt habe«, antwortet er.

»Ist das eine Entschuldigung?«, frage ich lächelnd.

»Kann schon sein«, erwidert er, und ich glaube zu bemerken, dass er ebenfalls lächeln muss.

Ich spüre eine unbekannte, leise Melodie zwischen uns. Ist das der Moment, anders miteinander zu tanzen?

»Danke«, sage ich.

»Wofür?« Er wirkt erstaunt und irgendwie unbeholfen.

»Danke, dass du die ganze Arbeit allein machst, damit ich hier sein kann.«

Schweigen. Er wirkt perplex, dann antwortet er: »Ist schon okay. Gefällt es dir denn?«

»Ja, es ist wundervoll. Mir ist so vieles klar geworden, und ich möchte dir hier unbedingt etwas zeigen, das mir sehr wichtig ist.«

»Okay.« Ich höre förmlich, wie er überlegt.

»Ich wünschte, du wärst hier«, füge ich hinzu.

»Soll ich am Wochenende nachkommen?«

Ich bemerke, dass er sich mit diesem Vorschlag selbst

überrascht hat. Bass erstaunt bleibe ich stehen. So spontan kenne ich ihn gar nicht. Aber das ist jetzt nicht wichtig, ich will nicht aus dem Takt kommen, ihm nicht auf die Füße treten. Mir gefällt unser Tanz. »Ja! Das fände ich sehr schön!«

»Ja?« Ich spüre, dass er zögert.

»Ja. Unbedingt! Ich würde mich wahnsinnig freuen.«

»Gut, dann regele ich hier alles und melde mich wieder?«

»Mach das. Und falls ich dir von hier aus helfen kann, ruf an. Soll ich meine Eltern bitten, auf die Kinder aufzupassen?«

»Ja, das ... wäre toll«, erwidert er und scheint überrascht von meinem Elan.

»Gut. Dann telefonieren wir morgen. Ich freue mich auf dich«, sage ich und nehme den schmalen Pfad runter zum Strand.

»Ich freue mich auch«, antwortet er. »Gute Nacht.«

»Gute Nacht.«

Unten am Meer angekommen, setze ich mich in den Sand. »Es hat funktioniert«, denke ich stolz und zeichne mit dem Finger einen großen Kreis um mich herum. Dann schreibe ich die Anfangsbuchstaben meiner Archetypen in den Sand. Vom Zentrum des Mosaiks aus kann ich sie alle sehen.

Die Wissenschaftlerin gibt mir Klarheit. Zusammen mit dem liebenden Ich wird sie mir helfen, eine neue Gesprächsebene mit Fin zu finden, eine andere Kommunikation zu erschaffen.

Die Künstlerin gestaltet mit mir den Augenblick neu. Mit mir wählt sie die passende Musik, um allen Situationen den richtigen Klang zu geben.

Die Liebende und die Herrscherin können mich in jeder Beziehung stärken und zugleich geduldiger machen, vor allem im Verhältnis zu meinen Kindern. So kann ich erkennen, was Lotte und Fabi brauchen, sie mit Liebe und Klarheit führen.

In beruflichen Angelegenheiten werden mich die Retterin und die Herrscherin in Zukunft unterstützen. Aber die Schöpferin darf dabei auf gar keinen Fall fehlen. Sie achtet darauf, dass ich das für mich richtige Maß finde.

Die Kriegerin hilft mir, mutig zu sein. Mutig zu sagen, was ich brauche und für richtig halte, auch wenn meine Mitmenschen anderer Meinung sind. Auch mal Nein sagen möchte ich. Das schafft meine Realität. Und es bleibt kein Spielraum für Spekulationen oder Interpretationen. Mit der Realität kann ich besser umgehen. Auf diese Weise sind Kompromisse möglich.

Stehe ich im Kontakt zu meiner Schöpferin, kann ich mit Dankbarkeit auf mein Leben zurückblicken und erkennen, dass ich bereits sehr viel Glück im Leben hatte.

Und was sagt mein Herz? Diese Frage werde ich mir mehrmals am Tag stellen, besonders wenn ich Entscheidungen zu treffen habe. Denn mit den Ohren einer Liebenden höre ich anders als mit den Ohren der Herrscherin.

Ich schließe die Augen und fühle mein großes, wildes Herz. Ich liebe meine Familie und ja, ich liebe Fin, das kann ich nun aus tiefstem Herzen sagen.

Und meine Magierin wird mir helfen, meine Wünsche zu realisieren. Das gibt mir Zuversicht und Kraft für das, was kommt. Ich bin nicht mehr das Opfer meiner Umstände.

Gedanken, die mir sagen, dass ich nicht richtig oder nicht gut genug bin, werden hin und wieder aufblitzen. Manchmal werde ich sie widerlegen können, manchmal muss ich wohl mit der Befürchtung umgehen lernen, dass sie tatsächlich zutreffen könnten. Dabei ist es durchaus auch mal in Ordnung, etwas nicht zu können.

Ich spüre den weichen Sand unter meinen Füßen, lausche dem Rauschen des Meeres und stelle mir vor, dass es sich ebenso auf den bevorstehenden Sonnenaufgang freut, wie ich es tue.

Fin und meine Kinder sind mein Glück, mein Leben und die Erfüllung meiner Träume. Ist die Liebe nicht auch die Kunst, den anderen zu sehen und zu nehmen, wie er ist, ohne ihn verändern zu wollen? Auf dieser Ebene sind Fin und ich uns bisher noch nicht begegnet, und die will ich mit ihm entdecken. Ich kann das Vergangene zwischen uns ruhen lassen und verzeihen, wenn ich meine innere Einstellung dazu verändere.

Fühle ich mich wohl, verstehe ich mich selbst besser und bin in der Lage, auch andere zu verstehen. Auf diese Weise gehe ich in einen positiven Dialog mit mir selbst und bringe in mir alles in Einklang. Ich weiß, dass ich noch viel üben muss, und einige Besuche im Sandsteinhaus werden nötig sein, um mir die Kraft der Archetypen immer wieder aufs Neue zu vergegenwärtigen, um alles, was ich heute erlebt und gelernt habe, sicher umsetzen zu können. Aber schließlich heißt es: »Wir lernen, wir versuchen, und wir vermasseln. Und dann probieren wir neu. Denn das ist das Leben.«

Mein Selbstbild, das ich jetzt von mir habe, gibt mir Sicherheit.

Ich, die Heldin meines Lebens!

DIE ZWÖLF ARCHETYPEN

SCHWARZSEHERIN (CASSANDRA)

Mein furchtsames Ich

Glaubenssätze/Motto: *Ich sehe schwarz!*,
Das geht sicher schief!

Gefühle: Angst und Zweifel

MAGIERIN (JOE)

Mein spirituelles Ich

Glaubenssätze/Motto: *Ich wünsche mir!*,
Wie möchte ich mich zukünftig fühlen?

Gefühle: Vertrauen und Dankbarkeit

KÜNSTLERIN (PINA)

Mein erfinderisches Ich

Glaubenssätze/Motto: *Ich mach das Beste draus!*,
Ich gestalte den Augenblick neu!

Gefühle: Kreativität und Erfindungsreichtum

LIEBENDE (APHRODITE)

Mein liebendes Ich

Glaubenssätze/Motto: *Was sagt mein Herz?*

Gefühle: Liebe und Selbstliebe

SCHÖPFERIN (JUDITH)

Mein achtsames Ich

Glaubenssätze/Motto: *Ich nehme an, was ist!, Ich lebe bewusst im Jetzt!*

Gefühle: Achtsamkeit und Vertrauen

HERRSCHERIN (KÖNIGIN SOPHIE)

Mein kritisches, antreibendes, wertendes Ich

Glaubenssätze/Motto: *Ich muss!, Ich bin nicht gut genug!, Ich bin zu …!*

Gefühle: Zweifel, Selbstkritik, innerer Druck, Kontrolle

RETTERIN (THERESA)

Mein helfendes Ich

Glaubenssätze/Motto: *Die anderen sind wichtiger als ich!, Ich darf nicht egoistisch sein!*

Gefühle: Ausgelaugtsein, innere Leere, Verlorenheit

KRIEGERIN (JEANNE)

Mein kämpferisches Ich

Glaubenssätze/Motto: *Ich grenze mich ab!, Ich beschütze mich!, Ich kämpfe für meine Werte!*

Gefühle: Mut, Wut

WISSENSCHAFTLERIN (VIRGINIA)

Mein sachliches Ich

Glaubenssätze/Motto: *Ich bin klar!, Was sind die Fakten?*

Gefühle: Sachlichkeit, Klarheit

GEFANGENE (ROSA)

Mein gefangenes Ich

Glaubenssätze/Motto: *Ich kann ja nicht!,*
Ich bin nicht richtig, wie ich bin!

Gefühle: Selbstablehnung, Ohnmacht, Kränkung, Trotz

NÄRRIN (JOSEFINE)

Mein sorgloses Ich

Glaubenssätze/Motto: *Ich nehme es leicht!,*
Was ist das Schöne in der Situation?

Gefühle: Leichtigkeit, Freude

SEHNSÜCHTIGE (LORE)

Mein sich sehnendes Ich

Glaubenssätze/Motto: *Ach, wenn doch nur ..., dann wäre ...!,*
Hätte ich doch ...!, Ich hoffe, dann ...!

Gefühle: Sehnsucht und Hoffnung

DANK AN

Katja und Judith für ihre großen Herzen, die intensiven Gespräche und ihre unermüdliche Unterstützung in jeder Lebensphase, Mimi, Lisy und Madelaine für die schönen gemeinsamen Jahre, Christa für ihre Treue, Rita für ihren Rat auf meinem neuen Lebensweg und Sonja für ihre Eingebung.

Ich danke Julia und Torsten für diverse griechische Momente, Familie Rechenbach für wundervolle Sommertage – mit Meerblick – und meiner Erstleserin und Freundin Dr. Sabine Prestele für ihr offenes Ohr.

Ich danke meiner großen Liebe und allen Menschen, die mein Leben so viel reicher, schöner und glücklicher machen. Ohne euch wäre es nicht so schön, wie es ist.